니를 향한
생각의 힘

나를 향한
생각의 힘

프렌티스 멀포드 지음 | 김연희 옮김

뜻이있는사람들

머리말

사람으로 산다는 것은,

"한 번 태어난 생명은 육체의 성장과 퇴락, 소멸의 과정을 겪기 마련이다." 이는 인간의 사상에 뿌리 박혀 있는 관념이다.

"이제야 좀 살아가는 방법을 알 것 같은데, 이제 너무 나이 들어버려 곧 죽게 되겠구나." 이러한 한탄을 하며 삶을 마감하는 것이 인간의 운명처럼 느껴지기도 한다. 인간은 과연, 유한한 생명의 속성과 생로병사의 굴레에서 절대로 벗어날 수 없는 것일까.

이 책은 이러한 관념의 울타리를 한번 부수어보라 제안한다.

인간에게는 '육체적 마음'과 '정신적 마음'이 있다. 대체로는 육체적 마음의 지배를 받으며 사회화되고, 또 삶을 살아가게 된다. 그러나 우리 내면에는 우리가 미처 깨닫지 못하고 있는 생각의 힘이라는 것이 존재한다. 이 힘은 신체 또한 정신과 함께 변화한다는 사실을 은연중에 증명하고 있다.

육체가 늙음에 따라 정신 또한 함께 늙어가는 것이 아니라, 정신의 퇴화가 육체적 좌절을 불러일으키는 것이다. 나약한 육체에만 초점을 맞추어 그것이 나를 이루는 전부라 여긴다면 피할 수 없는 죽음의 기운이 정신에서 육체로 스며들게 된다. 이는 젊은 몸으로 살아 숨 쉬는 생명에조차 절망의 그림자를 드리운다. 그러나 새로운 생명력의 유입을 믿는다면 영원히 늙지 않는 생명의 힘을 얻게 된다.

즉, 육체적 젊음은 정신이 육체에 작용해 끊임없이 삶을 향상시키는 과정을 통해 유지된다. 새 봄을 맞이하여 세상의 모든 생명체들이 새로운 기운을 얻듯이, 새로운 정신은 육체에 새 기운을 불러들여 낡고 쇠퇴한 기운을 털어내는 것이다.

퇴보하는 육신에 순응하는 육체적 마음, 새로운 기운을 한껏 받아들여 몸과 영혼의 힘을 재창조하려는 정신적 마음, 이 두 가지가 하나의 접점을 만나 조화를 이루게 된다면 우리의 삶은 당장에라도 절망을 극복한 희망의 길로 들어설 수 있다.

이 책에서는 '육체의 지배를 받는 정신'의 틀을 벗어나 육체와 정신, 모두를 영원한 젊음의 길로 인도하는 사고의 힘에 관해 이야기한다. 육체의 쇠락에 역행하는 새로운 정신의 힘을 믿고, 그 힘을 증진시켜 나가는 데 보탬이 되길 바란다.

–프렌티스 멀포드

자신의 운명을 바꾸는 힘은 내면의 강한 전파에 의해서 이루어진다.

차례

1장

정신의 마음과
육체의 마음

영원한 행복을 얻기 위해서는 이 세상
의 모든 것들을 통제하고 있는 정신의
법칙을 깨닫는 것과 그 법칙을 따르는
삶을 사는 것이 중요하다.

People do not lack strength, they lack will.
인간은 강인함이 부족한 것이 아니라 의지가 부족하다.
Victor, Marie Hugo(프랑스 낭만파 시인, 소설가)

인간의 내면에 내재된
두 가지 마음

인간은 누구나 자신 속에 '고차원의 자아'와 '저차원의 자아'라는 두 가지 마음을 가지고 있다.
"자기 자신에게 충실하라."는 말을 자주 듣는데, 대체 어느 쪽 마음에 충실해야 한다는 말일까?

고차원의 자아는 오랜 세월 동안 꾸준히 성장을 하고 있지만 저차
원의 자아는 거의 변하지 않는다. 저차원의 자아는 새로운 생각을 받
아들이지 않으며, 그런 생각은 비현실적인 공상에 지나지 않는다고 여
긴다.

고차원적 자아는 지금 자신이 누리고 있는 것 이상의 것을 좀 더 실

현할 수 없을지, 항상 새로운 가능성을 모색한다. 반면에 저차원의 자아는 지금까지 선조들이 살아온 것과 똑같은 삶의 방식만 가능하다고 여긴다.

고차원의 자아는 번거로운 것, 제약, 심신의 고통, 신체의 자아에서 자유로워지기를 바란다. 저차원의 자아는 병이나 고통같은 것들은 늘 인간을 따라다니는 것으로, 선조들이 그랬듯이 받아들일 수밖에 없는 것으로 여긴다. 고차원의 자아는 모든 일의 옳고 그름에 있어 자기 나름대로의 기준을 갖길 원한다. 하지만 저차원의 자아는 예부터 전해 내려온 일반적인 견해, 신조, 편견 등 타인이 만들어 놓은 틀을 그대로 받아들인다.

이처럼 인간의 내면에 잠재되어 있는 두 가지 마음에 대해 고차원의 자아를 '정신적 마음', 저차원의 자아를 '세속적 마음' 혹은 '육체적 마음' 이라 부를 수도 있다.

우리가 알아야 할
인간의 정신작용

'정신(Spirit)'이란 어떤 것인지, 그 실체는 아직까지 풀리지 않은 수수께끼다.

우리가 알 수 있는 것은 정신이라는 것이 존재한다는 것과 눈에 보이는 형태, 혹은 보이지 않는 형태로(이 쪽이 훨씬 크다) 엄청난 작용을 일으키는 힘이라는 것뿐이다.

식물이나 동물, 사람이나 돌이라 할지라도 우리 눈에 보이는 것은 극히 일부에 지나지 않는다. 어떤 힘이 끊임없이 작용해 일정 시간 동안 지금 보고 있는 모습으로 보이고 있는 것이다. 그 힘이 생물에게 생명을 주고 성장시켜 준다.

그 힘이 작용하지 않게 되면 '시드는' 현상이 일어난다.

인간을 포함한 모든 생명체는 다음 달, 내년에는 이미 이번 달, 올해로 그 모습을 바꾼다. 항상 모든 것에 변화를 일으키는 힘이 작용하고 있기 때문이다. 이 힘이 바로 '정신'이다.

이 힘의 존재를 깨닫고 생명과 물질이 어떤 것인지를 깨닫게 된다면 '정신적 마음'이 생겨난다. 정신적 마음에 눈을 뜨고 정신의 힘이 자신에게 건강과 행복과 안녕을 가져다준다는 것을 깨닫게 되면 그것을 얼마든지 활용할 수 있게 된다.

어릴 때는 '육체의 마음(세속적 마음)' 밖에 없는 무지한 상태이기 때문에 정신의 작용에 대해서는 전혀 모르고 있다.

이윽고 마음이 성장하고 시야가 넓어지게 되면 "어째서 인생은 이렇게 고통과 슬픔, 실망으로 가득한 것일까?" "어째서 인간은 고통과 슬픔 속에서 태어난 것일까?" 하는 의문을 품게 된다.

이 의문이 정신적 마음이 만들어 낸 목소리인 것이다.

정신의 마음과
육체의 마음

육체의 마음은 인간이 원래 가지고 있는 것으로 우리는 육체의 지배를 받으며 교육을 받게 된다. 정신의 존재를 모르기 때문에 모든 것을 물질적, 신체적인 시각에서만 보려 한다. 또 육체가 자신의 전부라고 여기게 된다.

이것은 아이가 증기선을 움직이는 진정한 힘인 증기의 존재를 모른 채, 커다란 물레방아 바퀴가 배를 움직이고 있다고 배우는 것과 마찬가지다. 이런 무지한 환경 속에서 자라면 배가 움직이지 않게 될 때

틀림없이 물레방아 바퀴를 조사하는 것밖에 생각하지 못할 것이다.

마찬가지로 육체의 마음은 건강과 활력을 유지하기 위해서는 육체적 건강만 유지하면 된다고 생각한다. 몸에 이상이 생겼을 때도 그 원인이 정신적인 것에 있을지도 모른다는 것은 꿈에서도 상상하지 못한다. 육체가 병들면 끝이라고 생각하며 슬퍼하게 된다.

그러나 정신의 마음은 죽음을 그다지 중요하게 여기지 않는다. 죽음이라는 것은 물리적인 행동의 도구인 육체를 벗어버리는 과정에 불과하다고 여기기 때문이다. 시들었던 나무가 다시 생명 속에서 살아나듯이 인간의 정신도 모습을 바꾸어 생존하고 있다는 것을 알고 있다.

신체의 마음은 그 힘이 근육과 힘줄의 작용에서 온다고 여기며 신체 이외의 힘이 모든 것을 움직이게 하고 있다는 것을 모르고 있다.

인간을 움직이게 해 어떤 결과를 만들어 내는 언어의 힘조차 혀와 붓에 의한 것이라고 여긴다. 시각과 청각이 지각의 전부라고 생각해서 보다 강력하고 영향력이 있는 감각이 존재한다는 것을 모른다.

각각의 마음이
끼치는 영향

정신의 마음은 사고에는 힘이 있고 아주 멀리 있는 사람에게까지 좋든 나쁘든 간에 강력한 영향력을 끼친다는 것을 깨닫는다.

매일매일 마음속에서 생성되는 무수한 사고들이 눈에는 보이지 않지만 물과 공기처럼 실체가 있는 것이며, 이윽고 그것이 상대의 마음을 움직이게 한다는 것을 알게 되는 것이다.

정신의 힘은 신체 또한 정신과 함께 변화한다는 것을 알고 있다. 그러므로 강력하고 생생한 사고를 늘 품고 있다면 그것이 육체로 표출돼 끊임없이 성장하게 해주고, 활력과 오감의 쇠퇴를 막아 준다는 점을 안다.

그러나 육체의 마음은 그런 것을 알지 못한다. 인간은 단순한 육체에 불과하며 때가 되면 늙고 병들어 버리는 존재라고 여긴다. 그렇게 믿는 어른들 속에서 자란 아이들 역시 마찬가지 생각을 품게 된다. 천동설을 믿는 사람들 속에서 자란다면 지구가 움직인다는 건 상상조차 할 수 없는 것과 마찬가지다.

그런 착각에서 오는 우울과 탄식이 현시대에 만연하고 있다. 미래에 대한 희망을 품지 못하기 때문에 때로는 무모한 행동을 일으키기도 한다. 육체가 병들기 전에 만족과 즐거움을 만끽하려 온 힘을 기울이기 때문이다.

그러나 이것은 엄청난 착각이다. 그런 기쁨은 실제로는 그리 오래 가지 않기 때문에 결국은 실망과 더 큰 우울함에 빠질 뿐이다.

정신의 마음은 삶의 최대 목적이 행복에 있다고 여긴다. 그 행복이란 영속적인 것으로 육체의 마음이 추구하는 일시적인 만족과 물건에 대한 소유욕이 아니다. 물질적 만족은 행복보다는 오히려 훗날 고통을 안겨준다.

영원한 행복을 얻으려면 이 세상의 모든 사건들을 통제하고 있는 정신의 법칙을 깨닫는 것과 그에 걸맞은 삶을 사는 것이 중요하다.

마음을 일깨워 주는
사고의 힘

정신의 마음이 눈을 뜨면 자신의 내적 힘과 우주의 힘의 존재가 보다 확실하게 보이게 된다. 지금까지 우리는 이 사실에 대해 완전히 무지했지만 조금씩 깨닫기 시작했다. 병과 슬픔과 실망의 진짜 원인이 수많은 사례를 통해 확실하게 드러났기 때문이다.

풍차의 방아가 풍차를 돌린다는 것을 배우고, 그것을 믿은 아이가 진정한 동력인 바람의 존재를 깨닫는 것과 마찬가지다.

'사고' 라 불리는 우리 주변에 가득 넘쳐 있는 요소들이 바로 바람인 것이다. 이 사고야말로 풍차의 날개를 왼쪽으로도 돌게 하고 오른쪽으로도 돌게 하는 것이다. 그로 인해 좋을 때도 있고 비참할 때도 있는 법이다.

육체의 마음이나 정신의 마음 상태와 그것이 마음에 끼치는 영향은 사람에 따라 차이가 있다. 정신의 마음을 전혀 깨닫지 못한 사람도, 막 잠에서 깨어 흐릿한 사람도, 완전히 눈을 뜬 사람도 있다.

눈을 뜬 사람은 지금까지 의식하지 못했던 힘이 자신에게 내재돼 있다는 것을 느끼기 시작한다.

이런 깨달음의 시기는 육체와 정신의 마음이 심한 주도권 쟁탈전을 벌여 한동안 육체적인 부조화가 나타나기도 한다.

진실을 보는 눈을 가로막는
'육체의 마음'

일반적으로 육체의 마음은 무지로 인해 지금까지 익숙했던 생각을 쉽게 포기하지 못하고 납득될 때까지 계속 저항을 한다.

육체의 마음에 완전히 사로잡힌 사람은 나이를 먹을수록 더더욱 새로운 것을 배우거나 무언가를 달성하길 거부하게 된다.

육체의 마음에 사로잡힌 사람은 기분전환을 위해 그림을 그리거나 음악을 듣고, 휴식을 취하는 일도 없다. 생활 패턴을 바꾸는 것도, 새로운 기술과 예술을 배우지도 않아 성장의 기쁨을 맛볼 수 없다.

육체의 마음은 '노화'를 피할 수 없는 것으로 받아들인다. 늙고 병들어 가는 자신을 혐오하며 무시하려 하지만 주변 사람들의 죽음을 통해 재인식하고 자신도 언젠가 병들고 죽을 것이라며 우울해 한다.

실은 그런 사고 자체가 노화를 막지 못하게 하고 있는 것이다.

정신의 마음에는 진실이 좀 더 확실하게 보인다.

"건강하게 오래 살려면 좀 더 활력 넘치는 생각을 해야 한다. 그러면 생명력으로 넘치는 사고의 흐름이 생기고 그러한 사고가 병을 내몰아 준다." 고 생각하게 된다.

"말도 안 돼!" 라고 육체의 마음은 반론을 한다.

"병이 들면 구체적인 치료를 하는 것 말고 고칠 방법이 없다. 마음 속으로 무슨 생각을 하든 육체에 영향을 줄 수는 없어!"

신체의 마음에 있어 이 진실은 익숙하지 않은 것이다. 이제 겨우 깨닫기 시작한 사람은 대부분 자신과 주변 사람들의 육체적 마음의 비웃음으로 사 포기하고 만다. 무지한 확신이란 매우 강력한 것이다.

망원경으로 봐야 볼 수 있는 것이 망원경 없는 사람에게는 보이지 않는 것은 어쩔 수 없는 것이다. 그러나 결과적으로 보지 못한 사람들이 진실을 보려는 사람들의 노력을 방해하고 있다.

아이디어를 실현시키는
'정신의 마음'

여러분은 자신의 마음에 떠오른 것을 "환영이다. 착각이다." 라며 스스로 거부한 적이 없는가? 마음속에 떠오른 아이디어는 정신의 마음이 창출해낸 것으로 그것을 거부하는 것이 육체의 마음이다.

어떤 사고도 그곳에 어느 정도 진실이 포함돼 있지 않으면 절대 떠오르지 않는다. 단지 그 진실을 지금 당장 완벽하게 실천할 수 있는가는 별개의 문제이다.

증기를 동력으로 쓰고자 한 아이디어를 200년 전에 이미 생각해낸 사람이 있을 수도 있다. 그러나 그때는 이 기술을 실현시키지 못했다.

무언가를 실현하기 위해서는 주변의 모든 분야가 함께 성장해야만 한다. 증기기관의 경우에는 철의 제조, 경로의 정비, 사람들의 수요 등이 충분히 성장해야 할 필요성이 있다. 200년 전에는 이런 주변 환경이 갖춰지지 않았을 것이다.

그러나 그 사고 자체는 올바른 것이라 많은 사람들의 마음속에 싹트고 이윽고 시간이 경과되면서 온갖 반론과 육체적 마음의 방해를 물리치고 지금과 같은 형태로 재현할 수 있게 된 것이다.

뭔가 새로운 아이디어가 마음속에 떠올랐을 때에는 "그래, 그럴 수도 있어. 지금으로서는 그 가능성이 보이지 않을 뿐이야."라고 생각하자. 그럼으로써 마음속에서 싹튼 미지의 가능성을 실현하는 데 있어 커다란 장애물 하나를 치우게 되는 것이다.

정신의 힘은 정신이 온갖 결과를 만들어 내는 힘을 가지고 있다는 것을 깨닫고 있다. 그 힘은 수많은 사람들이 상상조차 할 수 없는 것이다. 우리는 생명의 가능성에 관해서도 여전히 무지한 상태이다. 그러나 정신의 마음은 정신의 힘에 의해 건강과 장수를 누릴 수 있는 것도 불가능하지 않다고 생각하고 있다.

꿈을 이루어주는
마음의 밸런스

정신의 마음과 육체의 마음의 관계에서 바람직한 것은 정신의 마음이 우위를 점한 상태이다. 그렇다고 해서 정신의 마음이 육체의 마음을 독재적으로 지배한다는 의미는 아니다. 정신의 발상에 육체의 마음이 완강하게 저항하는 것을 배제한다는 의미이다.

육체의 마음이 정신의 마음에 복종하는 하인, 혹은 조수가 돼 정신의 마음에 흔쾌히 협조하는 것이 이상적인 상태이다. 그렇게 되면 정신의 마음은 더욱더 성장을 이루게 되며 힘과 평화와 행복을 손에 넣는 등, 지금까지 이루지 못했던 꿈을 실현할 수 있게 될 것이다.

반대로 정신적 마음의 우위가 너무 극단적이면 육체의 마음을 저속한 것으로 치부하는 과오를 저지를 수 있다.

자기부정을 하게 되면 그것이 현실로 이루어져 무의식적으로 자신을 그 비난에 걸맞은 인간으로 만들고 만다. 그렇게 되면 모든 것이 허사가 돼 심신의 건강도 해치게 된다.

육체의 마음을 억제하고 자신과 타인 속에 내재돼 있는 정신의 힘을 확신하고 그 힘을 올바르게 활용하는 방법을 배운 사람은 미래가 노화와 고통밖에 없다는 절망에서 해방될 것이다. 인생은 오늘의 기쁨이 내일의 더 큰 기쁨으로 이어지는 빛나는 전진이 될 것이다. '사는 것'이 '즐기는 것'과 같은 의미가 되는 것이다.

2장

정신의 힘이
인간 관계에
미치는 영향

선물도, 잠자리와 식사 제공도, 돈을 빌려주는 것도, 그것이 진심에서 우러난 것이며 제공한 사람에게도 기쁨이 아닌 이상 영속적인 가치를 상대에게 줄 수 없다.

A problem is your chance to do your best.
역경은 최선을 다할 수 있는 기회다.
Duke Ellington(재즈피아노 연주자 · 작곡가)

정신적 성장을
이끄는 '사고의 기'

자신과 취미, 목표, 습관, 사고 등이 비슷한 사람, 혹은 가장 매력을 느끼는 사람은 형제자매나 사촌 등, 혈연관계가 아닌 경우가 많다. 피는 이어져 있지 않더라도 그런 사람은 자신과 매우 가까운 관계인 사람이다.

피가 이어졌다는 것은 진정한 정신적 연관과 직적접으로는 관계가 없는 것이다.

형제자매나 부모의 사고방식이나 인식 방법 등이 자신과 매우 흡사한 경우가 없는 것은 아니다. 그러나 완전히 다른 경우도 흔하다.

그 사람이 발산하고 있는 '사고의 기'가 자신과 어느 정도 가깝지 않다면 함께 건강하고 기분 좋게 살아갈 수 없다. 반드시 혈연관계가 그런 '기'를 만들어 낸다고는 단정할 수 없다.

매일매일 먹고 마시고 돈 버는 것밖에 머릿속에 없는 사람을 예술가나 철학가들의 집단 속에 살게 한다면 어떻게 될까? 자신과 사고방식과 인식이 닮은 사람이 없는 상황에서, 그 사람은 점점 풀이 죽어 건강을 해치게 될지도 모른다.

반대로 고상한 정신을 가진 사람이 저속한 사람들과 함께 생활할 경우에도 같은 현상이 일어난다. 가족관계 속에서도 이런 현상이 일어나는 경우가 있다.

아이들은 함께 노는 친구들이 발산하는 '사고의 기' 속에서 활력을 받고 쑥쑥 자라난다. 놀이로 가득한 사고의 영양을 흡수한 아이는 다른 친구에게도 그 기운을 나눠준다. 아이들은 모두 이렇게 친구들과의 정신적 교류 속에서 자라는 것이다.

참된 인간관계를
맺기 위해

어른이 된 후에 어릴 적 친구나 젊었을 때의 친구에게 옛날과 같은 감정과 자극을 받을 수 없는 이유가 뭔지 희한하게 여기는 사람도 있을 것이다. 그것은 어른이 된 정신은 옛날과는 다른 사고의 기와 영양을 필요로 하기 때문이다. 대부분의 경우 그것은 어릴 적 친구보다 더 고상한 정신에 의해 충족된다.

자신에게 어울리는 사고의 기가 주어지면 젊었을 때 소박한 친구들과 함께 지냈던 때와 마찬가지로 시간이 빠르고 즐겁게 지나게 된다.

자신에게 필요한 사고의 기를 공급해 주는 사람과의 관계가 참되고 양질의 관계인 것이다. 그러나 그런 관계는 자신이 상대에게도 똑같이 양질의 사고의 기를 되돌려 주지 않는 한 성립하지 않는다.

비즈니스맨과 엔지니어는 서로 강한 동료애를 가지는 경우가 많다. 그것은 그들의 생활 모습을 보면 잘 알 수 있다.

그들에게 가정은 식사나 잠을 자기 위해 돌아가는 곳으로 따분한 일요일을 보내는 동안에도 빨리 월요일이 돼서 직장의 동료들 품으로 돌아가고 싶다고 생각한다. 가정에 있는 것보다 직장 동료들과 함께 있는 것이 훨씬 마음이 편하기 때문일 것이다. 그곳에는 참된 관계가 있기 때문이다. 그들은 그곳에서 동료들의 도움을 받고, 사고의 기에 의한 자극을 받으며, 다시 역으로 그것을 동료들에게 전달한다.

모든 사고와 마음이 동등한 마음과 사고 관계일 필요가 있는 것이다. 그렇지 않다면 장애가 발생하고 만다.

양 날의 검이 되는
혈연관계

혈연관계라는 이유로 무의식적으로 억압을 하는 경우가 자주 있다. 성인이 된 뒤에도 여전히 마음속에 부모가 자리 잡고 있어 자신의 뜻에 맞지 않는 삶을 살고 있는 젊은이들이 많은 것 같다.

부모에게 제압당하는 경우도 있지만 그와 반대로 어른이 된 아이가 서로 얼굴을 마주하고 말을 하지 않더라도 부모를 제압하는 것 같은 기분을 들게 하는 경우도 있다.

"어머니는 나이가 들었으니 너무 화려한 옷을 입지 마세요."

"사별한 어머니(혹은 아버지)가 재혼을 하는 건 말도 안 돼요."(이것은 금전적인 이유도 있을 것이다.)

"어머니는 외출을 자제해야 해요. 집에서 가족이나 잘 돌보세요."

"아버지는 이제 나이가 많으시니 은퇴하는 게 좋아요."

가족들이 발산하는 압력은 아무리 작은 것이라도 강력한 것이며 좋은 것이든 나쁜 것이든 확실한 결과를 가져다준다. 몇 명이 한데 어울려 자신들에게 유리한 쪽으로 영향력을 행사하도록 가족 중의 누군가에게 끊임없이 압력을 가한다면 그 효과는 상상을 초월할 것이다. 계획적이든 무의식적이든 간에 효과는 마찬가지다.

어머니에 대한 이런 '사고의 기'를 가족들이 끊임없이 발산한다면 어머니는 아이들을 키우는 도구에 불과하다고 여기게 돼, 아이들이 만만한 존재로 여기게 된다.

"어머니는 나이가 들면 활동적이고 즐거운 생활을 자제해야 하며, 집에서 잠자코 다른 노인들과 사귀며 가족 중에 환자가 생기거나 갑작스런 일이 벌어지는 데 대비하지 않으면 안 된다."고 하는 구시대적 여성관이 이런 주장을 하게 만든다. 이렇게 대부분의 어머니들이 개인으로서의 권리를 빼앗기고 아이들이 원하는 사람이 돼 버린다.

물론 가족이 도움을 필요로 할 때 도움을 주는 것은 당연하다. 그러나 그것은 도와주고 돌봐주는 사람의 진심이어야 하지, 무언의 압력에 의해 등 떠밀려서 억지로 해서는 안 되는 것이다.

"어떡해서든 도와줘야지. 동생(혹은 아들)이 부탁을 하니까." 와 같은 경우 실제로는 부탁한다기보다 무의식중에 '요구' 하고 있는 경우가 많다.

그저 피가 이어졌다는 이유만으로 하지 않으면 안 되는 것에는 제한이 있다. 빚보증을 서는 것도 가족이기 때문에 당연하다는 듯이 요구한다. 금전적 도움, 식사, 잠자리, 집안 일 등도 기대한다. 이런저런 상황에서 선물을 기대하고 있는 것이다.

그러나 기대해서 주는 선물은 진정한 '선물' 이라 할 수 없다. 진정한 선물은 항상 '예상치 못한 것' 이어야 한다.

친척이 찾아와 머무는 경우도 마찬가지다. 그들은 그저 호텔 숙박비를 아끼려고 하는 것뿐이라 자연스럽게 불평불만이 커져 버린다. 입 밖으로 내뱉지는 않지만 부정적 사고는 방출된다.

선물도, 잠자리와 식사 제공도, 돈을 빌려주는 것도,
그것이 진심에서 우러난 것이며 제공한 사람에게도 기쁨이 아닌 이상
영속적인 가치를 상대에게 줄 수 없다.

모든 것의 가치를
결정하는 사고

선물도, 숙소나 식사 제공도, 돈을 빌려 주는 것 모두가 진심에서 우러나 제공한 사람에게도 기쁨이 아닌 이상 상대에게 영속적인 가치를 부여할 수는 없다. 그것은 그런 물질적 행위에는 눈에 보이지 않지만 그 이상으로 중요한 것이 잠재돼 있기 때문이다.

선물이나 호의 속에 내재되어 있는 중요한 것은 '사고'다. 그 사고는 좋든 싫든 간에 받는 사람에게 강한 힘을 전달한다.

곤경에 처해 있는 사람에게 얼마 안 되지만 자신이 줄 수 있는 최대한의 돈을 주었다고 하자. 그 행위에 내재되어 있는 사고는 어떻게 해서든지 그 사람을 돕고 싶다는 진심뿐 아니라, 그 행위가 본인에게도 커다란 기쁨이라는 것이다.

이런 사고의 요소를 받아들인 상대는 평생 잊지 못할 것이다. 사고에 걸맞은 커다란 가치가 그 행위와 함께하는 것이다.

이런 행위는 상대의 실질적인 곤경을 돕는 것으로 끝나지 않고, 정신의 힘을 불어넣어 주는 것이기도 하다. 상대가 힘을 되찾고 가난에서 벗어나 좋은 일들이 일어나기를 바라는 마음이 상대에게 심리적으로 든든한 버팀목이 되는 것이다. 선물 받은 이 정신의 힘은 그들 속에서 뿌리를 내리고 시간이 흐르면 결실을 맺게 될 것이다.

반대로 식사, 잠자리, 옷, 돈 등을 마지못해, 혹은 어쩔 수 없는 상황 때문에 주었다고 하자. 그러지 않으면 세상 사람들의 따가운 눈총을 받을 수도 있거나, 남들이 하니 나도 할 수밖에 없다고 생각해서라면, 아무리 상대가 가족이라 할지라도 그 행위는 상대적으로 가치가 떨어지고 만다.

분명히 상대의 물질적인 요구를 일시적으로는 채워 줄 수 있다. 육체가 영양분을 섭취하고, 휴식을 취하고, 옷을 입혀 줄 수는 있다. 그러나 그 행위에 내재된 사고가 마음속으로 우러난 것이 아니라면 상대의 정신이 바라는 영양분을 나눠줄 수는 없다.

더군다나 그 행위에 못마땅한 감정이 내재돼 있고, 상대가(아무리 가까운 관계라도) 꾹 참고 받아들여야 하는 상황이라면 양쪽 다 정신적으로 큰 타격을 입고 만다. 받는 사람 입장에서는 고맙기는커녕 부정적인 감정이 싹터 주는 사람에게 그 감정을 되돌려 주기 때문이다.

애정을
가리는 의무감

자식들이 단순한 의무감 때문에 늙은 부모를 봉양하는 경우가 있다. 자식이 "부모니까 하는 수 없이 봉양해야 한다."고 한다면 그 행위에 애정이 전혀 없다는 걸 알 수 있다. 매일 매일의 봉양이 그저 기계적으로 이루어진다.

의무감으로 하는 봉사는 부모의 마음에 상처를 입히게 된다. 자식들이 귀찮은 걸 참고 있다는 것을 느낄 수 있기 때문에 상처를 받으며 진정한 애정이 없기 때문에 사랑에 굶주리게 된다.

또한 부모에게 환영받지 못한 채 세상에 태어나 관습과 세상 사람들의 시선 때문에 어쩔 수 없이 키운 아이만큼 불행한 것도 없다.

그들은 마음에 상처를 받고 항상 정신적으로 굶주린 상태이다.

마음에서 우러나는 진정한 사랑은 말 그대로 생명을 불어넣어 준다. 자식들의 건강과 활력과 행동력을 만들어 주는 것은 바로 사랑인 것이다.

우리는 사회생활을 함에 있어 세상 사람들의 눈과 주변 사람들의 생각을 의식하도록 훈련을 받는다. 때문에 의무감에 의한 행동이 발생하게 되는 것이다.

만약 세상의 상식이 갑자기 바뀌어 도움이 필요한 가족과 늙은 부모들을 봉양하지 않아도 전혀 비난을 받지 않게 된다면, 사람들은 본성을 드러내며 착한 척을 멈출지도 모른다.

그러나 한편으로는 이런 말을 하는 어머니들이 가끔은 있다. "나는 아무래도 상관없어. 아이들만 훌륭하게 자라주면 돼."

이 또한 결코 옳은 생각이 아니다. 어머니들도 자신들의 성장에 대해 더 많은 관심을 기울여야 한다. 어머니가 지적으로 성장하지 않는다면 자식들의 지적 성장을 방해하고 만다.

어머니들은 자신들을 희생하면서까지 자식들을 위해서는 안 된다.

이상적인 어머니 상은 자식들에게 항상 애정뿐만이 아니라 그리움과 존경하는 마음을 이끌어 내는 어머니다. 그러기 위해서는 사회를 잘 알고 그 속에서 자신의 위치와 입장을 확실히 깨닫고 더 높은 곳을 향해 전진하는 여성이어야 한다.

집안에만 틀어박혀 집안일과 가족들을 돌보는 데만 전념하는 어머니, 화장이나 몸치장을 하지 않는 어머니, 자식에게 가족들이 원하는 대로 움직이는 존재라고 여기게 하는 어머니여서는 안 된다. 그런 헌신적인 어머니의 대부분은 성장한 자식들에게 무시를 당하거나 천대를 받게 된다.

항상 가족들의 기분과 자신에 대한 가족들의 생각을 자각하지 못한다면, 어느 순간 그것이 자신의 일부가 돼 버린다. 자신의 의사와 생각을 항상 가족들을 위해 포기한다면 존재감도 자기주장을 할 힘도 잃게 된다.

노화를 촉진시키는
정신적 압박

성인이 된 자식이 부모에게 무언의 압력으로 인해 육체적, 정신적 노화를 촉진시키는 경우도 있다. 이런 노화현상은 저항할 수 없는 힘에 의해 마음의 상처를 받았기 때문에 야기된다. 이것은 대부분의 경우 상처를 받은 입장에서도 느끼지 못하는 부분이다.

예를 들어 어른이 된 자식이 부모의 농장을 자신이 경영하고 싶어졌다고 치자. 처음에는 아버지의 허락을 받아 일을 시작하지만 점점 힘이 커져 결국에는 모든 일을 자기 방식대로 밀어붙이게 된다.

같은 목적을 가지고 있는 다른 자식들이 그를 지원해 줄지도 모른다. 이런 힘을 지속적으로 행사하게 되면 아버지 혼자서는 도저히 감당을 할 수 없게 된다. 부모는 이런 상황에 완전히 무지한 상태라 자식들이 의도한 대로 따르게 된다.

이윽고 아버지는 기운을 잃고, 자신이 점점 쇠약해지고 있다는 것을 깨닫게 된다. 그리고 그 모든 것을 나이 탓으로 돌리게 된다.

내가 아는 한 남성은 큰 회사의 사장으로 이미 70세가 넘었지만 정력적으로 활동하고 있어 몸과 마음이 모두 40대처럼 느껴졌다. 그러나 자식들은 아버지가 이제 은퇴할 때가 됐다고 생각하기 시작했다.

그 이후로 말과 태도에서 그런 요구가 전달되기 시작했다. 그는 "왜 내가 은퇴해야 해. 회사는 내 삶의 활력소이고 경영에도 문제가 없다."고 친구에게 말했다.

그러나 피를 나눠준 자식들의 집요한 요구에 그도 손을 들고 말았다. 그는 은퇴했고 자식들은 만족스러워 했다. 하지만 그는 얼마 안 돼 건강을 잃고 2년 뒤에 죽고 말았다. 그가 한 마지막 말은 "자식들 때문에 죽는 것과 마찬가지다." 였다.

의무를 벗어난
부모 자식 관계

"부모가 자식을 사랑하는 게 당연한 거 아닌가?" 라며 반문하는 사람도 있다.

그러나 '~야 한다.' 라는 말은 사랑의 본질과는 차이가 있다. 사랑은 자연적으로 발생해 전하고 싶은 사람에게 전해지는 것이기 때문이다. 누군가를 사랑하도록 스스로에게 강요할 수는 없다.

부모라 할지라도 자기 자식을 진정으로 사랑하지 않는 사람도 있으며, 부모를 진심으로 사랑하지 않는 자식도 있다. 사랑을 갖추지 못한 채 태어났기 때문에 두 경우 다 누구도 책망할 수 없다.

선천적으로 눈이 보이지 않는 사람, 다리가 불편한 사람에게 이러한 장애의 책임이 없듯이 사랑이 결여된 사람을 비난할 수는 없다.

본인은 자기 자식을 사랑하고 있다고 착각을 하고 있더라도 실제로는 그렇지 못한 부모도 있다. 화를 참지 못하고 자식을 때리는 부모는 진정으로 자식을 사랑하는 것이 아니다. 실제로는 폭력을 좋아하거나 폭군 역할을 좋아하는 것에 불과하다.

물론 가족들에게 어느 정도의 권위는 필요할 수도 있다. 그러나 건전하고 사랑으로 가득한 권위라면 화나 폭력으로 가족을 돌보지는 않는다.

아이는 부모의
소유물이 아니다

부모는 가끔 자식을 자기 맘대로 하려고 한다.

자식의 행동은 물론 마음까지 지배하려는 경우가 있다. 자식의 취미, 기호, 취향 같은 것은 전혀 중요하게 여기지 않기 때문이다.

부모들은 자식이 육체적으로나 정신적으로나 유년기가 지나면 한 개인으로 성장하게 된다는 것을 망각하기 쉽다. 한 개인으로서 취미와 취향이 특정 방향으로 결정되게 된다.

그 어떤 부모라 할지라도 성인이 된 자식의 취향을 바꿀 수는 없다.

자식의 마음을 다른 방향으로 바꿀 수는 없는 것이다.

마음은 영혼이기 때문에 모든 사람들의 육체에서 살아 숨 쉬고 있다. 지금 그 영혼이 새로운 육체를 얻어 새로운 인생을 살려고 하고 있다. 그 전의 인생이 어땠는지는 모르지만, 설령 지금의 부모에게서 태어났다고 하더라도 이 개인은 자신의 성향에 따라 성장하고 있는 것이다. 그 성향은 마음이나 정신 속에서 드러난다.

한 소년이 바다에 대한 끝없는 동경을 품고 있다고 하자. 부모가 바다에 나가는 걸 금지시키더라도 이 소년의 마음속에는 항상 바다가 자리 잡고 있다. 그럴 경우 육체는 마음의 지시를 따르는 것이 훨씬 좋다.

마음과 신체가 일치되지 않는 것은 백해무익하다.

어머니가 위험을 두려워해 아들이 바다로 나가는 것을 허락하지 않는 것은 자신의 걱정과 자신의 의견을 관철시키는 것이 아들의 감정보다 훨씬 중요하다고 여기는 것에 불과하다.

부모가 자식이 선택한 직업을 반대함으로써 자식의 삶을 방해하고 미래에 악영향을 끼치는 경우도 있다. 아무런 이유도 없이 그저 '안돼' 라며 반대하는 것이다.

예를 들어 자식은 선원이 되고 싶어 하지만 부모는 억지로 다른 직업으로 등을 떠민다.

그런 부모는 특정한 삶의 방식에 편견을 가지고 있을 수도 있다. 이런 감정과 행동은 자식에 대한 애정에서 기인하는 것이 아니다. 자신의 생각과 전제 군주적 입장을 중시하고 있을 뿐이다.

하지만 과연 자신이 바라지 않는 직업을 갖게 된 사람은 그 일에서 성공할 수 있을까? 그것은 세상의 모든 직업 속에서 아무 소리도 내지 못하고 날개짓하지 못하는 사람들을 보면 쉽게 알 수 있다. 평범하다는 것은 세상 사람들이 생각하는 것처럼 그리 바람직한 상태가 아니다. 오히려 큰 문젯거리가 될 수도 있다.

태어나면서부터 잠재된
아이의 성향

자식이 매일 술만 마시고 나쁜 친구들을 사귀어 범죄를 저질렀다고 가정하자. 그럴 경우 대부분의 부모는 자신을 탓하며 자식을 좀 더 잘 키워야 했다며 자책한다. 자신의 부주의가 자식이 비행을 저지른 최고 원인이라고 생각하는 것이다.

자식의 잘못에 대해 부모가 자신을 책망하는 것은 잘못된 것이다. 부모가 자식의 성격까지 만들어 준 것은 아니기 때문이다. 정신은 그 자식이 태어나면서부터 갖는 특성이라 태어나기 훨씬 전에 이미 완성되는 것이다.

너무나 뚜렷한 성격적 특성은 타고난 것이라고 봐야 한다. 저속하고 야비하고 욕심으로 가득한 성질이 내재된 아이에게 그런 경향이 나타나는 것이다.

그러나 어머니가 고결한 인품을 가진 사람이라면 자식의 이런 성향을 개선하거나 줄여 줄 수도 있다. 다시 말해 부모가 할 수 있는 일은 훌륭한 사고와 행동으로 자식의 마음에 자연스럽게 영향을 주는 것이다. 입으로 아무리 설교를 하거나 체벌을 가하더라도 거의 효과를 볼 수 없다.

그러나 정신의 마음에 눈을 뜬다면 실패를 경험하면서 어째서 벌을 받아야 하는지를 확실하게 이해할 수 있게 된다. 그러나 이를 진정으로 깨닫는 것은 본인이 부모의 지배에서 독립한 뒤 자신이 생각한 대로 살 수 있게 돼서야 가능해진다.

부모의 기분이 자식들에게 미치는 영향력을 이용해 자식의 성격을 틀에 얽매려고 하는 부모도 있다. 세상 사람들이 인정해 주는 성격으로 포장하려고 하는 것이다. 그러나 이는 자식이 원래 가지고 있던 경향과 성격과는 차이가 있으며 자식을 위선자로 만들어 버리는 데 지나지 않는다.

상대가 아무리 자기 자식이라 할지라도 다른 인물로 바꿀 수는 없다. 정신적인 성장은 본인의 내면에서 일어나는 자율적인 변화여야 한다. 다른 사람에게 의존할 수는 없는 것이다. 만약 그럴 수 있다면 그것은 일시적인 효과에 지나지 않는다. 그 영향력이 사라지자마자 실패로 끝나고 말 것이다.

나를 지탱해주는 것은
바로 나

높은 정신력을 가진 사람이 주변의 성격이 약한 상대에게 일시적으로 활력을 불어넣겠다고 생각한다면 가능할지도 모른다.

여러분은 이런 이야기를 자주 듣지 않는가? "부인이 그를 그렇게 만들었다." 아내가 남편의 건강을 해치는 행동을 멈추게 할 수는 있을 것이다. 또한 아내가 기가 죽은 남편을 격려해 줘 재기할 수 있게 할 수도 있을 것이다.

남편이 아내에게 완전히 의존하고 있다면, 아내가 쉴 새 없이 남편을 격려하는 것은 그리 오래 가지 못할 것이다.

왜냐하면 그것은 아내에게 매우 부담스러운 일이기 때문이다. 한 사람이 두 사람 분의 끈기를 제공해야 한다는 것은 너무나 일방적이고 무거운 짐이다. 만약 이 상태가 오래 지속된다면 아내(혹은 의지할 다른 사람)는 결국 무게를 못 이기고 쓰러져 파괴된 두 사람 분의 인생만이 남게 되는 것이다.

누구도 다른 사람을 '만들어 낼' 수 없다. 자기 스스로를 의지하며 타인의 힘이 아니라 자신의 힘을 이끌어 내도록 노력할 수밖에 없다. 그러지 않으면 아내가 죽거나 이별을 하게 될 경우 남편은 다시 원래 모습으로 돌아가 기운을 잃게 될 것이다.

자연에서 배우는
양육법

부모들은 자주 무의식적으로 자식들이 언제까지나 자신들을 의지하도록 가르치는 경우가 있는데, 이 또한 잘못된 행동이다. 그로 인해 부모의 인생은 자식이라는 무거운 짐을 오래도록 짊어지게 돼, 결국 자식들은 부모에 대한 진정한 사랑을 깨닫지 못하게 된다.

늙고 병든 부모를 불쌍히 여기기는 하지만 마음속으로 사랑하기는 어렵다. 사랑의 바탕에는 존경이 있어야 한다.

새들의 어미는 새끼가 날아오르기에 충분한 힘이 생겼다는 걸 알면 새끼를 본능적으로 둥지 밖으로 밀어 버린다. 동물들도 때가 되면 새끼들을 떼어 내 스스로 먹이를 찾으며 살도록 한다. 그것이 자연의 법칙이다.

그런 건 짐승들의 야만적 습관이라고 생각하는 사람도 있을 것이다. 그러나 자식을 언제까지나 둥지에 두고 살아가는 데 필요한 힘을 키울 기회를 주지 않는 것이 과연 진정한 사랑이라고 할 수 있을까? 날아오를 힘과 용기가 자라지 않은 채 먹이를 받아먹기 위해 입을 여는 훈련밖에 받지 못한 새끼는, 어미 새가 비바람과 추운 겨울을 견디지 못할 때가 되면 어떻게 될까? 새든 동물이든 인간이든 간에 자식을 다 키운 부모는 자신의 시간을 되찾아 휴식을 취할 필요가 있다. 휴식 기간은 생명체의 복잡함과 육아에 소비되는 에너지의 양에 따라 다를 것이다. 그 기간 동안 부모는 자식의 온갖 요구로부터 해방되어야 한다.

나무 열매도, 새도, 짐승도 한 번 성장을 하게 되면 두 번 다시 부모의 도움을 청하며 되돌아오지 않는다. 그런데 인간의 부모는 언제까지나 자식의 요구로부터 자유로워질 수 없다. 피로에 지쳐 쓰러질 때까지 자식을 돌보며 일하는 부모도 있다.

물론 육아기는 부모가 성숙한 인간성을 발달시키는 데 매우 중요한 시기이다. 그러나 아무리 훌륭한 경험이라 할지라도 영구적으로 지속되지는 않는다.

3장

사고의 흐름

인생은 훨씬 즐거움으로 가득한 것이어야 한다. 우리는 가장 역동적이고 쾌활하고 즐거운 사고의 흐름을 끌어들일 수 있다.

Believe and act as if it were impossible to fail.
실패란 없다고 믿고 도전해 보자.
Charles Franklin Kettering(미국의 농민, 교사, 과학자, 발명가)

사고의 흐름을 만드는
화법

생각하고 이야기하는 데는 세심한 주의가 필요하다. 왜냐하면 사고는 공기와 물처럼 흐름을 만들기 때문이다.

우리는 생각하고 말함으로써 비슷한 '사고의 흐름'을 끌어당긴다. 이것이 마음과 신체에 온갖 영향을 끼치는 것이다.

사고가 눈에 보인다면 사람과 사람 사이에서 그 흐름이 교차하는 것을 볼 수 있을 것이다.

비슷한 성격과 동기를 가진 사람들은 같은 흐름을 공유하고 있다.

기력이 없는 사람과 화가 난 사람은 비슷한 기분을 느끼는 사람들과 같은 흐름 속에 있다.

서로가 충전기와 발전기 역할을 하며 흐름을 강화시키기 때문에 더욱더 풀이 죽거나 화를 폭발하게 된다. 역으로 희망과 용기로 가득 차 기운이 넘칠 때는 같은 상태의 사람들과 흐름을 교류하게 돼 그 사고가 더욱 강화된다.

현실을 만드는
좋은 사고와 나쁜 사고

항상 온갖 질환과 고통, 죽음을 앞둔 괴로움 등에 대해 이야기를 하는 사람들이 있다. 이런 불건전하고 부정적인 이야기를 즐기는 사람들은 병환과 고통의 이미지로 가득 찬 흐름을 끌어당기고 있다. 이 사고의 흐름은 심신에 영향을 끼쳐 현실로 드러나게 한다. 이런 사람들은 결국 정말로 병이나 고통을 당하게 될 것이다.

비즈니스에 관한 이야기를 하는 사람들은 아이디어와 기획과 같은 사고의 흐름을 끌어들이고 있다. 제대로 공감이 이루어진다면 보다 훌륭한 아이디어와 진취적인 제안을 이끌어 낼 수 있다. 그렇게 해서 비즈니스의 개선과 발전으로 이어지는 것이다. 기업의 간부들이 모여 회의를 할 때는 이렇게 해서 비즈니스의 추진력이 생기게 되는 것이다.

여행을 할 때는 가능한 고급스럽게 하는 것이 좋다. 유별나게 호화로울 필요는 없지만 지갑 사정이 허락하는 한 제대로 된 호텔에 머물고, 멋지게 차려입자. 그렇게 해서 힘과 성공의 사고 흐름에 들어갈 수 있게 된다.

현재로서는 무리라 할지라도 그런 마음을 갖고 생활해 보길 바란다. 성공을 향한 첫걸음을 내딛게 되는 것이다. 성공한 사람들은 무의식적으로 그런 자세로 살고 있다. 성공한 모습을 남들에게 보여주고 싶어 하는 것일 수도 있지만 꼭 그렇지만은 않다. 성공으로 이어지는 힘과 요소가 바로 거기에 있기 때문이다.

스스로 나서서 성공의 사고 흐름에 들어간다면 성공의 길로 접어들기 쉽다. 이것은 정신의 마음이 지닌 지혜로 신체의 마음은 이런 사실을 전혀 깨닫지 못한다. 물론 이것만으로 성공이 보장되는 것은 아니지만 어느 정도 효과는 볼 수 있다.

잘못된 경제관념으로 싸구려(싼 호텔, 싸구려 식사, 싼 요금)만 선택한다면 값싸고 비굴한 사고의 흐름에 빠지고 만다. 인생과 미래의 계획에 대한 사고방식도 왜곡되고, 용기와 모험심도 마비되고 말 것이다.

싸구려 사고의 흐름에 빠진 사람에게 성공한 사람은 다가가지 않는다. 성공한 사람은 싸구려 사고의 흐름 속에서 성공을 끌어들일 요소가 부족하다는 것을 느끼기 때문이다. 둘 사이에는 장벽이 생겨 공감의 흐름이 막히고 만다.

비즈니스에 필수적인
공감의 힘

공감은 비즈니스에서 가장 중요한 요소로 서로 의견이 다르거나 경쟁 상대라 할지라도 성공한 사람들을 서로 이어준다.

그러나 싸구려만을 선택하는 사람이 지닌 겁쟁이와 패배자의 사고와, 활기, 용기, 성공과 같은 사고의 흐름은 절대로 섞일 수가 없다. 둘 사이의 장벽은 돌담처럼 사고의 왕래를 방해한다.

뭔가를 개혁하고 싶다며 한 가지 생각에 너무 집착하면 과격한 사고의 흐름 속에 빠져 버릴 수 있다. 예술, 종교, 과학, 혁명, 정치 등 무엇이든 간에 극단적으로 빠지기 쉽다. 이것은 판단과 이성을 한쪽으로 치우치게 해 매우 유해한 사고이다.

광신자와 과격파는 이렇게 같은 사고의 흐름을 지닌 사람들끼리 결합해 탄생한다. 그리고 생각이 다른 사람들에게 분노와 증오를 품게 되며, 그 증오가 스스로를 파괴하고 만다.

게다가 억압하는 것에 대한 증오와 적대심이라는 사고의 흐름을 느끼게 되면 같은 무리 속에서도 말다툼과 알력이 생기게 된다. 새로운 세계를 건설하기는커녕 결국 파멸하고 말 것이다. 보일러 속에서 적절하게 활용하면 귀중한 에너지가 될 불꽃을 집안에서 휘두르는 것과 마찬가지다.

왜 험담을 해서는
안 될까

흔히 몇 사람이 모이면 그 자리에 없는 사람의 흉을 보는 경우가 많다. 그런 사람들은 자신이 발산한 것의 몇 배에 달하는 유해한 사고의 흐름을 끌어들이게 된다. 비슷하고 많은 사고가 한 점에 모이면 끌어들이는 양도 증가하기 때문이다.

만성적으로 불평불만을 늘어놓는 사람, 남의 흉을 보길 좋아하는 사람은 그 사고의 흐름으로 자기 자신에게 상처를 입히고 있다. 또한 사고는 마음에 파고들면 구체화하는 성질이 있기 때문에 남의 결점만 들추고 있는 동안에, 그 결점이 자신의 성격 속에 파고들 수도 있다.

가십거리를 즐기는 것은 매력적인 행위이다. 타인의 추문을 화제로 삼아 친구나 이웃, 미워하는 상대의 결점을 들춰내면 샴페인에 취하는 것처럼 황홀함을 느끼게 된다. 그러나 결국에는 그 쾌감에 대한 높은 대가를 치루는 것은 바로 자기 자신이다.

말에는 힘이 있다.

인생은 훨씬 즐거움으로 가득한 것이어야 한다.
우리는 가장 역동적이고 쾌활하고 즐거운 사고의 흐름을 끌어들일 수 있다.

가치관을 공유할 수 있는
상대

마음에 맞는 사람과 서로의 건강과 행복 등에 대해 이야기를 나누는 것은 매주 좋은 일이다.

편견을 피하고 말다툼을 하거나 타인을 흉보거나 욕하지 않고 즐겁게 이야기를 나눌 수 있다면, 활력 넘치는 생명력의 흐름을 끌어들일 수 있다. 이런 기회를 오랫동안 정기적으로 가질 수 있다면 심신에 미치는 좋은 효과는 상상할 수 없을 만큼 크다.

처음에는 많은 사람이 아니라 두 사람 정도와 즐겁게 대화를 나누는 것이 좋을 것이다. 바람직한 결과를 얻기 위해서는 가치관을 공유할 수 있는 상대를 반드시 찾아야 하는데, 그것은 결코 쉬운 일이 아니다. 또한 이런 대화는 자연스럽게 서로 마음의 교류를 통해 시작되어야 한다. 뭔가 다른 목적과 동기가 개입된다면 쉽지 않을 것이다.

과거의 전도 집회 등은 수많은 사람들이 모여 같은 행동을 하거나 기도를 함으로써 사고의 집중적인 흐름을 만들어 황홀감과 정열을 부채질하는 것이었다. 북미 인디언이 싸움의 춤을 추면서 집단 사고의 흐름을 창출해 내 스스로 도취의 경지로 이끌어 가는 것과 마찬가지 원리이다. 사람 숫자가 많을수록 그만큼 빨리 황홀함과 도취 상태에 빠지게 된다.

참된 웅변가는 사람들의 사고 흐름을 자신에게 끌어들였다가 다시 청중들에게 되돌려 줌으로써 상대를 흥분시키는 것이다. 훌륭한 배우들도 마찬가지다. 그들은 강력한 사고의 흐름을 만들고 연기를 통해 관객들에게 전달하는 것이다.

연상한 대로
이루어지는 원리

자신의 결점을 너무 신경 쓰는 사람이 있는데 이런 경우 자신의 결점이 들춰지면 그 흐름이 흘러들어 결점을 증대시킨다. 실제로 자신의 결점에 대해 깨닫는 것만으로도 충분한 것이다.

"나는 비겁한 겁쟁이다."나 "나는 경솔하고 생각이 짧다." 라는 식의 말을 입에 담는 것은 더 이상 하지 말자. 그것보다는 강인함과 용기, 차분함과 신중함 등, 자신의 장점을 생각하고 그 사고의 흐름을 끌어들이자.

자신에게 바람직한 이미지를 항상 마음속에 품고 있으면 그것이 정말로 자신의 일부가 된다.

젊은 여성이 흉해지길 원할 때 가장 확실한 방법은 1년 내내 불평 불만을 토로하고 화를 내며 타인을 흉보는 것이다. 이런 심리 상태는 눈에 보이지 않는 사고의 흐름을 끌어들여 자신에게 타격을 입힌다.

거친 피부에, 인상을 찡그려 주름이 지면 젊은 아가씨는 순식간에 중년의 잔소리꾼 아줌마가 된다.

나는 "사람은 이런저런 일을 해서는 안 된다." 등의 설교를 할 생각 은 없다. 단순히 원인과 결과에 대해 말하고 있을 뿐이다.

얼굴에 화상을 입으면 상처가 남거나 얼굴이 일그러져 버린다. 불 이 가지고 있는 요소가 얼굴에 작용했기 때문이다. 악의와 질투와 같 은 마음의 불꽃도 눈에 보이지는 않지만 마찬가지 작용을 한다. 그 불 에 데면 얼굴에 상처가 남아 일그러지고 만다.

다른 사람들의 불유쾌한 성격, 듣기 싫은 말, 보기 흉한 행동 등은 되도록 빨리 마음속에서 털어 버리자.

그러지 않으면 그런 사고가 파고들어 같은 사고를 계속해서 끌어 들인다. 그리고 결국 본인의 정신 속에 완전히 자리 잡고 만다. 항상 마 음에 있는 그런 불쾌한 행동을 자신도 모르게 취하게 되는 것이다.

양질의 결과는
양질의 생각에서

가능한 건강하고, 자연스럽고, 강하고 아름다운 사고의 흐름 속에 있도록 노력하자. 병, 고통, 추함, 결함을 생각하는 것을 피하도록 노력하기 바란다. 예를 들어 보리밭이나, 해안가에서 넘실대는 파도를 생각하는 것이 열차 사고를 생생하게 상상하는 것보다는 훨씬 좋은 것이다.

매스컴에서 매일 떠들어대는 무시무시한 사건으로 인해 심신이 얼마나 황폐해지고 있는지 대부분의 사람들은 깨닫지 못한다. 그런 기사를 정독한다면 공포와 고통의 이미지로 가득한 사고가 스며든다. 그러면 무서운 사고를 즐기는 병적인 마음과 이어져 병과 죽음의 방향으로 인도되게 된다. 매스컴이 하루 종일 전달하는 화재, 폭발, 살인, 강도 등의 세세한 내용을 안다고 해서 좋을 게 하나도 없다.

독서를 할 때도 타인의 허점만 보는 신랄한 시선으로 적어 내려간 책만 읽는다면 무엇을 대하더라도 장점을 찾아내지 못하게 된다. 저자의 불건전한 사고의 흐름을 끌어들여 그 정신과 일체가 되기 때문이다.

악감정과 조롱을 촉 끝에 단 화살을 쏘면 화살은 그것을 쏜 본인에게도 독이 된다. 그런 사고의 흐름을 끌어들여 자신 속에서 부풀리고 있는 사람은 반드시 불안, 병, 불행을 끌어들이기 때문이다. 그런 사람의 저서를 읽고 그 마음속으로 들어간다면 독자도 마찬가지 결과를 초래한다.

꼼꼼하고 신중한 성격에 정확하게 일을 처리하는 사람도 적당히 부주의하게 일을 처리하는 사람과 친하게 지내다 보면 그런 성향이 생기는 경우가 있다. 건성건성 하는 정신, 인내력이 결여된 정신을 자신의 내면에 받아들이게 되면 이전의 모습으로 돌아가기가 쉽지 않다.

그러나 문제의 본질을 깨닫는다면 이미 반은 해결된 것과 마찬가지다. 자신이 왠지 기분이 좋지 않고 화를 쉽게 낸다는 것을 느꼈을 때는, 마음속에서 그런 불유쾌한 사고의 흐름이 활성화되고 있다는 것을 떠올리기 바란다. 어딘가에 있는 다른 사람의 어둡고 병적인 마음과 사고의 흐름이 왕래하고 있는 것이다. 그럴 때는 이 불유쾌한 사고를 당장 쫓아내야만 한다.

나쁜 사고의 흐름을
호전시키는 방법

인생은 즐거움으로 가득한 것이다. 우리는 좀 더 활기차고 밝고 즐거운 사고의 흐름을 끌어들일 수 있다. 진지한 것도 나쁘지는 않지만 너무 진지한 것은 우울한 것보다 조금 나은 정도이다. 대부분의 사람들이 너무 진지한 사고의 흐름 속에서 살고 있다.

항상 미소를 짓고 있는 사람은 거의 찾아볼 수 없다. 한동안 전혀 웃은 적이 없는 사람도 있다. 웃는 방법을 잊어버려 웃으려 하면 근육에 경련이 일어난다는 사람도 있다. 게다가 남이 웃는 모습을 보는 것만으로도 기분이 나쁘다는 사람도 있다. 이런 사람은 사소한 신체의 부조화나 병도 크게 증폭시켜 더 많은 증상을 일으키고 만다.

자신에게 바람직하지 않은 작용을 하는 사고의 흐름을 바꾸기 위해서는 어떻게 하는 게 좋을까? 사고는 일상생활 속에서 여러 가지 것들과 이어져 있다. 늘 먹는 아침식사, 가구, 가까운 사람들, 빤한 대화가 그것을 떠올리게 해준다.

그럴 때는 모든 것을 뒤로한 채 여행을 떠나는 것도 한 가지 방법이다. 일상과 다른 주변의 경치가 사고의 흐름을 바꿔 줘서 바람직하지 않은 사고가 완전히 사라지는 경우도 있다. 갑작스런 생활의 변화, 이직 등에도 마찬가지 효과가 있다. 단, 그런 효과들은 일시적인 것이라는 것을 마음속에 새겨 두길 바란다.

두려움을 몰아내는
강인한 사고

공포의 사고는 도처에 존재한다. 인간은 누구나 무언가를 두려워하기 때문이다. 병, 죽음, 도산, 친구와의 절교 등, 누구나 자기 나름대로의 공포를 품고 있으며 그것은 생활의 미세한 곳까지 침투해 있다. 길을 걷고 있는 사람도 모두가, 그다지 심각하지 않은 공포라 하더라도 기차 시간에 늦는 게 아닌가 하는 등, 항상 무언가를 걱정하고 있다.

마음에 항상 불안을 품고 있으면 사소한 일이나 누군가가 던진 한 마디 말로 인해 공포감이 되살아난다. 반사적으로 마음을 열고 그 사고의 흐름을 받아들이기 때문이다. 그 공포는 마음속에 품고 있던 불안한 감정을 흔들어 놓는다.

그러면 신체에도 무언가 부조화가 일어나게 된다. 그 증상은 무력감, 떨림, 식욕부진을 비롯해 입술이 마르고, 입맛이 쓰고, 관절이 쑤시고, 졸음이 오고, 집중력이 떨어지는 등 여러 형태로 드러난다.

최근 엄청난 비극이 일어난 집에 아무 것도 모른 채 갔다고 하자. 그전까지만 해도 기운이 넘쳤지만 다음 날 아침 눈을 떴을 때, 왠지 찜찜한 기운이 감도는 걸 느끼게 될 것이다. 이것은 그 집안에 무서운 사고의 흐름으로 가득하기 때문이다.

도시나 시골 마을에서 무서운 역병이 만연하고 큰 재해가 일어났다고 하자. 실제로 피해를 입을 위험이 없더라도 대부분의 섬세한 사람들의 신체에 악영향이 일어난다. 두려운 사고의 흐름이 그들의 마음속에 처음부터 잠재돼 있던 불안을 자극하기 때문이다.

아니면 광신자가 무언가 무서운 천재지변을 예고했다고 하자. 신문이 앞다투어 그에 대해 흥미 위주의 기사를 쓴다. 많은 사람들이 그것을 생각하고 이야기를 나누게 된다. 화제가 되면 될수록 유해한 사고의 흐름이 생성돼 제어할 수 없는 공포가 사람들을 덮치게 된다. 개중에는 곧바로 목숨을 잃는 사람도 나올 것이다. 그 실체가 무엇인지 전혀 알지도 못한 채 저항도 하지 못하고 공포의 사고에 마음을 열어버리는 것이다. 파고든 공포에 이기지 못하고 결국 정신과 신체의 연결고리가 끊어지고 만다.

주변의 사고를 느끼기 쉬운 사람일수록 영향을 받기 쉽다. 그러나 마음의 훈련에 의해 이런 사고를 거부할 수 있다. '나는 건강을 해치는 생각과 정신 상태를 받아들이지 않겠다.'고 단언한 뒤 마음의 문을 닫아 버리자. 강인한 사고만을 받아들이는 것이다.

사고의
무한한 힘

사고의 흐름을 느끼는 예민함은 강점이기도하고 약점이기도 하다. 지금까지 고상하고 섬세한 마음을 가진 사람일수록 신체가 허약한 경우가 많다. 바람직하지 못한 사람과 만나 자신도 모르는 사이 사악한 사고의 흐름에 노출되기 때문이다.

예민한 사람들은 그릇된 그 사고가 자신의 마음속에 파고들지 못하게 막는 방법을 모르고 있다.

섬세한 여성의 정신은 사고의 빛과 그림자, 다시 말해 좋은 사고와 나쁜 사고 양쪽 다 매우 민감하다. 남자들은 일에 빠져 있을 때는 일종의 진취적 사고의 흐름을 발산하고 있기 때문에 일시적이기는 하지만 두려운 사고를 무시할 수 있다. 하지만 집안에 있는 일이 많은 여성은 영향을 받기 쉽다.

남자는 그런 여성을 보고 "어째서 여자들은 늘 걱정만 하며 우울증에 빠지거나 바보 같은 생각을 하며 건강을 해치는 걸까?" 라며 의아해하며 "여자는 원래 그런 거야." 라고 단정해버린다.

이런 상태에서 벗어나기 위해 가장 좋은 것은 하늘에서 받은 무한한 힘을 믿고 그것에 의지하는 것이다. 이 힘이 가져다주는 개선은 일시적인 것이 아니라 계속 이어진다.

의사든 친구든 상관없으니 활기 넘치고 낙관적이며 희망으로 가득한 마음을 가진 사람에게 의지해 유해한 사고의 흐름을 끊어 버리자. 그리고 그 사람들이 자신을 돕기 위해 하늘에서 내려온 사람이라고 믿어라. 그러는 사이 심신이 새롭게 태어난 것처럼 힘이 넘쳐날 것이다.

그러다 보면 자신이 이 무한한 힘의 도움을 받고 있다는 것을 느끼게 돼, 공포가 사라지는 것을 깨닫게 될 것이다. 미래에는 행복이 기다리고 있으며 자신의 인생은 그곳을 향하고 있다는 새로운 사고의 흐름이 생겨난다.

받아들이는 사고의 흐름에는 한계가 없으며 그로 인해 이룰 수 있는 것도 한계가 없다. 극단적으로 높은 사고의 흐름을 모아 기적 같은 위업을 달성하는 사람도 언젠가 나타날지도 모른다.

강력한 사고의 흐름을 끌어당기는 '정신의 힘' 이야말로 마법이라 불리게 된 '비밀' 이 있는 것이다.

4장

용감한 정신

자신이 그 순간에 하고 있는 일에 마음과 힘을 쏟는다면 그곳에서 기쁨이 생겨난다. 기쁨은 지금 현재 하고 있는 일 속에 있는 것이다.

I have a dream today!

오늘, 내게는 꿈이 있다!

Martin Luther King, Jr(미국의 흑인 운동 지도자, 목사)

일상생활 속에서
함양하는 용기

'용기'와 '냉정'은 같은 마음 상태를 의미한다. 냉정하고 침착하다는 것은 마음을 조종할 수 있는 상태이며 두려움은 마음을 조종할 수 없는 상태를 말한다.

어떤 것을 이루고 싶다면 용기를 키워야 한다. 무슨 일이든 간에 성공하기 위해서는 용기가 반드시 필요하기 때문이다. 반대로 두려움으로 가득하다면 실패로 이어진다.

용기는 일상 속에서 조금씩 키워 나갈 수 있다. 그러기 위해서는 모든 행동을 할 때마다 훈련이 함께 병행되어야 한다. 한 가지 행동으로 두 가지 성과를 얻을 수 있기 때문에 일석이조인 셈이다.

두려움이란 차분하고 침착하지 못한 습관으로 인해 발생하기 때문에 모든 일에 가능한 최선을 다하는 것이 요령이다. 말할 때도, 걸을 때도, 글을 쓸 때도, 음식을 먹을 때도, 각각의 행위에 마음을 다 쏟는 것이다.

마음을 좀먹는
사소한 걱정

서두르는 마음에는 항상 '걱정'이 존재하게 된다. 정류장을 향하고 있을 때 혹시 버스를 타지 못하는 게 아닐까? 버스를 놓치면 큰일 날 것처럼 걱정을 한다.

　찬찬히 생각해보자. 버스를 놓쳤다고 하더라도 바로 다음 버스가 올 것이기 때문에 그렇게 걱정할 일은 생기지 않는다. 그럼에도 불구하고 조바심을 내는 경우가 자주 있다. 파티나 사람을 만나러 갈 때 급하게 서두르는 경우에도 마찬가지다.

　이런 경험이 반복되면 무의식적으로 불안 심리가 쌓이게 되어 걱정은 점점 더 증폭되고 만다. 그러다 보면 걸을 때나, 글을 쓸 때나, 무슨 일을 하든 마음속으로 항상 뭔가를 잃을 것 같은 두려움에 사로잡혀 차분하게 일을 처리할 수 없게 된다.

이렇게 되면 사소한 방해를 받거나 일이 예상했던 대로 진행되지 않을 때마다 별 일 아닌데도 공황상태에 빠지고 만다. 근심 걱정을 끌어들이는 문이 활짝 열린 상태가 되는 것이다.

한 가지 일을 걱정하게 되면 그것이 다른 모든 일에 파급효과를 일으킨다. 역까지 가기 위해 부른 택시를 기다리는 30분 동안, 정시에 도착하지 않으면 어떻게 할지 불안한 마음을 품고 있다 보면 여행 중에 온갖 크고 작은 일들이 일어날 때마다 공황상태에 빠지게 된다.

작은 행동일수록
신중하게

마음의 습관은 사소한 일상의 행동 속에서 일어나고 있다. 예를 들어 글을 쓰거나 바느질을 하는 등, 무언가 일에 열중하다가 실수로 바닥에 가위를 떨어뜨렸다고 하자. 마음은 일을 향한 채 서둘러 가위를 주워 들 것이다. 근육의 움직임에 주의를 기울이지 않기 때문에 짜증스럽고 거친 몸짓이 될 것이다.

떨어진 물건을 줍거나, 풀린 신발 끈을 묶을 때 서두르는 이유는 그 행동을 아무런 가치가 없는 것이라고 생각하기 때문이다. 지금 하고 있는 중요한 일을 일시적으로 멈춰야 한다고 걱정하는 것이다. 이런 사소한 일이 두려운 사고의 흐름을 만들어 낸다.

용기를 키우는 첫 걸음은 이런 일상의 사소한 행동을 신중히 하는 습관을 몸에 익히는 것이다.

작은 행동에서 힘을 확실하게 조종할 수 있게 된다면 불안이 감소된다. "모든 일을 신중하게 처리하는 것과 용기"는 "초조함과 두려움"과 마찬가지로 밀접한 관계가 있다. 사소한 행동에 자신의 힘을 올바르게 조종하지 못한다면 무슨 일을 하든 제대로 할 수 없다.

사람들이 공포를 느낄 때를 잘 생각해 보면, 무언가를 한꺼번에 처리하려고 할 때라는 것을 알 수 있다. 그럴 때는 상대가 실제보다 훨씬 크게 느껴지고 마는 것이다.

걱정스럽고 두려운 일도 잘 분석해 보면 하나하나의 작은 단계가 겹쳐진 것에 불과하다. 실제로 우리는 그것들을 하나씩 대처할 수밖에 없다.

한꺼번에 전력을 다하는 것이 아니라 먼저 첫 단계에서 필요한 만큼의 힘을 쓰고 그것이 끝나면 다음 단계로 진행하면 된다. 각각의 단계에 집중하도록 훈련한다면 한꺼번에 전력을 다하려 할 때보다 전체적으로 큰 힘을 발휘할 수 있다.

예를 들어 화를 잘 내고 강압적인 상사와 대면해야 하는 상황이라고 하자. 이럴 때 우리는 화나고 짜증스러운 상황에 처해 있다고 생각하고 만다. 그날 아침에는 옷을 입을 때도, 밥을 먹을 때도, 회사까지 걸어 갈 때도, 온통 상사와의 면접으로 머릿속이 가득 차 있다.

그러나 옷을 입을 때는 단정하게 옷을 입는 것이, 밥을 먹을 때는 필요한 영양과 에너지를 흡수하는 것이 면접을 보는 데 중요한 각각의 단계인 것이다. 또한 회사까지의 출근길을 즐기는 마음의 여유도 중요하다.

자신이 그 순간에 하고 있는 일에 대해 확실하게 마음과 힘을 쏟는다면 각각의 단계에서 기쁨이 생겨난다. 기쁨은 지금 하고 있는 일 속에 있다. 그 일에 집중하지 못하고 다음 일을 생각하기 때문에 불안이 생겨나는 것이다.

마음을 염두에 두고
사는 삶

옷을 입으면서, 밥을 먹으면서, 걸으면서 의식은 전혀 다른 곳에 있다면 이 모든 행동이 그저 번거로운 일에 불과하게 된다. 마음속으로 번거롭게 여겨지면 그 행동도 번거로운 것이 된다.

바쁜 일상에 쫓기고 있는 현대인들은 일상의 모든 일을 귀찮고 불유쾌한 것으로 느끼도록 훈련받은 것과 마찬가지다. 아무런 근거도 없는 두려움은 그것을 걱정하는 순간 실제로 두려움이 되고, 마음속으로 불쾌하다고 여기는 것은 실제로 불쾌하게 된다. 그런 마음에 신경을 쓰면 쓸수록 그것을 끌어당겨 현실로 이루어질 가능성이 커진다.

자신이 바라는 것과 행복을 끌어들일 수 있게 하기 위해서는 스스로 마음과 사고를 항상 조종할 수 있어야 한다. 따라서 가장 중요한 것은 일상생활 속에서 사소하게 여겼던 일들을 얼마나 확실하게 처리하는가에 달렸다.

이런 사소한 행동을 서둘러서 대충대충 처리하게 되면 상대의 거짓에 속게 돼서 예상하지 못했던 상황이 벌어져 혼란에 빠지게 된다. 그리고 인생은 예상할 수 없는 일들로 가득하게 된다.

마음을 항상 각각의 순간에 집중하도록 하자. 마음이 그 상황에 집중하고 있어야만 어떤 방향으로도 마음을 조종할 수 있게 된다.

신발 끈을 서둘러 묶으면서 전혀 다른 일을 생각하거나, 연필을 깎으면서 내일 할 일 때문에 걱정을 하고 있는 사람은 지금 하고 있는 행동에 전혀 마음의 집중이 되어 있지 않다. 항상 '정신이 팔려 있는 상태'로 생활하는 습관이 생겨 버리면 마음을 집중시켜 일을 처리하기가 점점 어려워진다.

마음의 반응을
높여 주는 집중력

마음은 한 가지 일에서 다른 일로 빛보다 빠른 속도로 이동한다. 우리는 일상 속에서 자신도 모르는 사이에 초고속으로 의식을 전달하는 훈련을 하고 있어 한 가지 일에 10초 이상 의식을 집중시키지 못하게 되어 가고 있다.

한 가지 일에 마음을 집중시켜 천천히 행동하는 훈련을 한다면 무슨 일이든 필요한 만큼 집중할 수 있게 된다. 자신의 마음을 바람직한 상태로 조종할 수 있게 되면 쉬고 싶을 때 편안하게 안정을 취하고 잠을 잘 수 있게 된다.

이 모든 것들은 인간의 마음이 가진 능력의 아주 작은 일부에 지나지 않으며, 우리는 훨씬 더 많은 능력을 발휘할 수 있다.

잡념을 몰아내고 집중하는 능력과 그 효과는 상당히 오래전부터 일부 사람들에게만 알려져 있었던 것 같다. 영어권 사람들이 이를 접할 수 있게 된 것은, 그 내용이 영어로 표현된 이후부터이다. 북미 인디언과 동양인들 사이에서는 마음을 비우는 경지에 도달함으로써 공포와 고통에서 해방되는 능력이 계승되어 온 것 같다.

마음이 신체의 동작을 따를 수 있을 만큼 차분하다면 무슨 일이 생겼을 때 생각할 여유가 생긴다. 그런 훈련을 평소에 하지 않는다면 확실한 의식도 하지 못한 채 신체가 맘대로 움직이고 만다.

타고 있던 배가 갑작스러운 위험에 처하게 됐다고 하자. 공포에 빠져 갑판을 이리저리 뛰어다니는 사람이 있는가 하면 냉정을 유지하고 위험에서 벗어날 방법을 생각하는 사람도 있다. 이 두 행동의 차이는 오랜 세월 잠재된 정신 상태에 의한 것이다.

공황상태에 빠지는 사람은 아마도 평소에 사소한 일에도 정신이 산만해져 생각이 이리저리로 흐트러지는 사람이다. 반면에 항상 모든 일을 신중하게 처리하는 사람은 서두르지 않고 생각에 집중하는 훈련이 돼 있는 사람이다. 평소부터 힘을 비축하고 있어 각각의 순간에 필요한 만큼의 힘을 이끌어 낼 수가 있다. 이 두 상반된 사람들은 비록 작은 핀을 줍기 위해 몸을 움직일 때도 전혀 다른 모습을 보일 것이다.

다시 말해 용기를 키우는 첫 걸음은 신중하게 행동하는 습관을 기르는 것이다.

미래의 가능성을
넓혀 주는 정신적 용기

모든 일을 성공하는 데 있어 용기만큼 중요한 자질은 없다. 용기란 그저 행동적인 부분뿐 아니라 정신적인 부분의 용기도 있다.

정신적 용기가 없는 사람은 비즈니스에서도 막대한 자금이 들어가는 기획은 쉽게 결단을 내리지 못한다. 금액의 크기에 겁을 먹어 버리기 때문이다.

매사에 겁을 먹는 사람은 충분히 시간을 두고 계획을 이해하려 하지 않은 채 무조건 거부감을 드러내고 만다. 그러나 천천히 생각한다면 그렇게까지 두려워할 필요가 없다. 여분의 지출에 대처할 수 있는 방법을 찾아내서 더 큰 이익을 얻을 수도 있는 것이다.

세탁소에서 파트타임으로 일하고 있는 A부인에게 "독립해서 세탁소를 차리는 게 어때요. 아마 돈을 많이 벌 수 있을 거예요."라고 했다고 하자. "저보고 세탁소를 하라고요? 제게 그런 돈이 어디 있어요?" 라고 그녀는 대답한다. 당신의 제안을 전혀 생각해 보지도 않은 채 들어갈 비용만 생각하고 겁에 질려 반사적인 반응을 일으킨다. 이런 사람은 파트타임으로 임금을 받고 고용주를 위해 일하는 것밖에 생각하지 못하는 사람이다.

대부분의 사람들이 이처럼 좀 더 큰 이익을 얻을 수 있는 비즈니스 가능성이 있지만 그것에 대해 전혀 생각하려 하지도 않는다. 조우할 곤란만을 머릿속에서 긁어모아 그것에만 주목하고 터무니없는 소리라고 반발하는 습관이 들었기 때문이다.

같은 세탁소에서 일하는 C부인은 좀 더 신중하다. 그녀는 당신의 제안을 듣고 일단 신중히 검토를 한다. 이윽고 "내가 세탁소를 못할 이유가 없어. 다른 사람들도 세탁소를 해서 성공했으니까." 라고 중얼거린다.

그녀는 매일 이 일에 대해 생각하고 다른 사람에게도 의견을 물으며 성공한 사람들이 어떻게 사업을 시작했는지 물었다. 이런 사고의 흐름 속에 있으면 다른 사람이 독립했을 때와 그 성공 방법을 하나둘 찾아 낼 수 있다. 독립의 꿈은 마음속에서 점점 부풀어 올라 천천히 한 걸음 한 걸음씩 성공을 향한 방향으로 나아가게 된다. 그리고 결국 꿈을 실현하게 되는 것이다.

자신이 그 순간에 하고 있는 일에 마음과 힘을 쏟는다면
그곳에서 기쁨이 생겨난다.
기쁨은 지금 현재 하고 있는 일 속에 있는 것이다.

어떤 순간이라도
냉정하고 신중하게

큰 위기에 봉착했을 때 냉정할 수 있는 사람은 그 순간에 자신이 해야 할 일에 대해 집중하는 힘이 있다. 겁쟁이에게는 그런 집중력이 없다. 위기 그 자체가 아니라 아직 일어나지 않은 나쁜 결과로 머릿속이 가득 차 있는 것이다.

전우들이 죽어 가는 전장에서 그 자리를 지키며 싸우는 사람은, 주변의 처참한 참상보다는 자신의 임무를 수행하는 데 더 많은 집중력을 발휘할 수 있는 사람이다. 자신에게 일어날지도 모르는 공포 때문에 떨고 있는 사람은 기회만 있다면 그 자리에서 도망치고 말 것이다.

핀을 줍고, 바늘에 실을 꿰고, 문을 여는 등의 사소한 행위에 전력을 다하라는 말이 아니다.

1kg의 물건을 들어 올리는 데 50kg을 들어 올릴 수 있는 힘은 필요가 없다. 그 행위를 적절하게 해 내는데 필요한 육체적 힘만을 쏟아 붓고 남은 힘은 아끼는 것이 좋다. 정신이 딴 데 팔린 상태에서 무슨 일을 하려면 두 가지 행동을 한꺼번에 하는 것이기 때문에 역으로 필요 이상의 힘이 소비되고 만다.

정신적 활동에도 육체적 활동과 마찬가지로 에너지가 소모된다. 아침에 눈을 떠서 잠자리에 누워 있는 채로 아침 식사 준비를 하는 것이 귀찮다거나, 오늘은 청소를 해야 한다고 고민하는 것은 누워 있는 채로 그것들을 실제로 하는 것과 마찬가지 에너지를 허비하는 게 되는 것이다.

무슨 일이든 충분한 힘을 써서 신중하게 해야 한다. 이것은 차츰 익숙해지면서 가능해지게 된다. 그렇게 되면 마음을 여유롭고 바람직한 상태로 유지할 수 있게 된다.

마음을
조종할 수 있는 사람

어색한 태도, 배려 없는 행동, 재치의 부족 등은 각각의 행동에 확실하게 마음을 담지 않았다는 증거로 마음을 확실하게 조종할 수 없기 때문에 일어나는 현상이다.

사람들은 흔히 "저 사람은 배려를 잘 한다." 라고 말한다. 그런 사람들은 무슨 일을 하건 간에 마음의 눈이 주변을 향해 항상 열려 있는 것이다.

지금 하고 있는 일에 집중하고 있는 것처럼 보이지만 마음은 그 상황을 직시하고 있는 경우, 마음의 눈은 주의 깊은 보초처럼 주변에서 일어나는 상황을 놓치지 않는다. 어떤 상황이 일어난다 할지라도 어떻게 대처할지를 마음속에서 제시해 준다. '용기'와 '냉정함' 뿐만 아니라 '꼼꼼함'과 '빈틈없는 배려'도 이런 여유로운 마음가짐에서 생겨난다.

독립전쟁 때 한 미국인 장교가 혼란스러운 전투 속에서 헤매다가 적군인 영국군들과 조우하게 됐다. 그는 순간적으로 기지를 발휘해 영국 병사들에게 "자네들의 소속은 어디인가?"라고 물었다. "로열 스코틀랜드 연대입니다."라는 답변을 들은 그는 차분한 목소리로 "오열 스코틀랜드 연대는 이곳에 머물러라."라고 대답한 뒤 도망쳐 자신의 부대로 복귀했다. 허둥대지 않고 스스로 여유롭게 생각할 수 있는 냉정함이 평소에 잘 훈련돼 있었기 때문일 것이다.

그리고 영국의 유명한 여배우 팔렌은 한 연극을 상연하는 도중에 손수건을 꿰매야 하는 연기를 해야 하는 장면에서 테이블 위에 아무것도 없다는 것을 깨달았다. 소품 담당이 손수건과 바느질 도구를 준비하는 걸 깜박한 것이다. 그러나 그녀는 한순간의 망설임도 없이 의자에 앉아 가상의 손수건과 바늘을 집어 들고 손수건을 꿰매는 연기를 했다. 그 모습이 너무나도 우아하고 자연스러웠기 때문에 대부분의 관객들은 실수를 깨닫지 못했다.

이런 행동은 '냉정' '침착' '배려' '집중력' '용기'가 없으면 불가능한 일이다. 그리고 이 말들은 모든 같은 마음 상태를 의미한다. 매일 정신없이 바쁜 여성들은 쉽사리 팔렌과 같은 행동을 취하기는 힘들 것이다. 틀림없이 팔렌은 핀 하나를 주울 때도 신중한 마음으로 행동으로 옮길 것이다.

성공을 부르는
마음의 습관

무슨 일을 하든 마음을 담아 행동한다면 조금씩 정신과 행동에 용기를 심어 주기 위한 기초가 생기기 시작한다.

신중하게 행동하라는 것은 단순히 느리게 움직이라는 뜻이 아니다. 사고는 빛보다 빠르게 움직이므로, 사고가 마음속에서 확실한 모습을 만들고 있다면 육체도 전광석화처럼 빠르게 행동할 수 있다. 생각하고 계획했던 일들을 근육이 순식간에 실행하는 것이다. 펜싱 선수, 발레리나, 뛰어난 화가, 음악가들의 행동은 모두 이러하다.

단, 이런 천재들도 전문 분야 이외에서는 마음의 조종이나 신중함이 결여되는 경우가 많은 것 같다. 업무 이외의 상황에서 초조하고, 동요되기 쉽고, 정신이 산만하고, 변덕스럽고, 겁쟁이가 되는 경향을 볼수 있다. 천재가 반드시 행복한 인생을 영위한다고는 단정할 수 없는 것도 바로 이 때문이다.

한 분야에서만 뛰어나고 다른 분야에서는 미숙한 것보다는 전체적으로 균형이 잡힌 정신력을 키우는 것이 이상적일 것이다.

우리는 평소 생활 속에서 의식하지 않은 채 거칠고 난폭한 행동을한다. 특히 뭔가 다른 중요한 일을 걱정하고 있을 때는 더더욱 그렇다. 그리고 그런 '마음이 어수선한 상태'는 육신을 피로하게 하고 불안하게 한다. 그럴 때는 허둥거리며 겁을 먹는 심리 상태에 빠지고 만다.

이런 습관이 오래 지속된 것이라면 그렇게 쉽게 바뀌지는 않는다. 그런 습관이 바탕이 되어 심신의 상태가 좋지 않은 경우에도 곧바로 해결할 수 없게 될 것이다. 그러나 조금씩이라도 습관을 바꾸어 갈 수는 있다.

이 장을 읽고 자신에게 해당되는 부분이 있다고 느꼈다면 그 사람에게는 습관의 개선 과정이 이미 시작되고 있는 것이다. 습관을 바꾸려는 의식이 자신의 마음속에서 나온 것이라면, 그것은 도중에 사라지지 않고 올바른 방향으로 인도해 줄 것이다.

　일상적인 마음과 행동이 용기와 성공으로 이어진다는 것을 확신하게 되다면 그 확신을 불러 일으켜 준 것은 내가 아니다. 나는 약간의 진실을 제시해 주었을 뿐, 그 진실이 당신의 심금을 울린 것이다. 진실은 우리가 호흡하는 공기와 마찬가지로 보편적인 것이며 모든 사람들이 함께 공유하는 것이다.

5장

과거에 집착하지 않는 삶

우리는 지속적으로 성장할 수 있는 젊음을 영원한 유산으로 물려받고 있다. 신체는 물질적으로 늙어 가지만, 정신이 물질적인 의미에서 늙어 가는 것은 아니다.

Today is the first day of the rest of your life.
오늘이라는 날은 남은 인생의 첫 날이다.

Charles Dederich(미국 약물 중독환자 구제기관 설립자)

마음을 늙게
만드는 것들

인간은 나이를 먹을수록 후회와 함께 지나간 과거의 시간을 되돌아보는 시간이 많아진다. 고집스럽게 과거에 집착하는 것은 '신체의 마음'의 특징인 것이다.

신체의 마음은 과거의 사건을 후회하고 한탄하며 지나간 기쁨을 회상하며, 그 시절이 두 번 다시 돌아오지 않는다며 슬퍼하며 어두운 기분에 젖어 있는 것을 즐기게 된다.

그러나 '정신의 마음'은 과거에 대해서는 비교적 담백한 감정만을 가진다. 그리고 변화를 환영한다. 내년 이맘때쯤이면 자신이 어떤 것을 생각하고 있을지 즐겁게 기대하고 있는 것이다.

너무 과거에 집착하고 있다 보면 앞으로 보다 큰 힘과 기쁨을 얻고자 하는 자신의 성장을 방해하게 된다. 과거의 자신이 어땠는지는 상관없는 일이다. 특히 그런 과거를 떠올리는 것이 고통을 동반하고 인생의 즐거움을 손상시키는 것이라면 그 생각을 털어 버리기 바란다.

과거만을 바라보고 돌아오지 않는 젊음만 생각하며 살아가는 생활은 사람을 빨리 노화시킨다. 육체를 나약하게 하고, 흰 머리카락을 늘게 하고, 피부를 쭈글쭈글하게 한다. 만약 그러길 바란다면 젊었을 때 살았던 곳으로 돌아가 이미 죽은 사람들을 떠올리며 한탄하며 당시의 즐거웠던 시간들을 떠올리며, 그런 시절이 다시 돌아오면 좋겠다는 어리석은 한탄만 하며 사는 것이 가장 빠른 지름길이다.

10살에서 12살 정도의 청소년들은 실제로 활발하고 쾌활하며 피곤한 줄을 모른다. 이것은 전생의 정신이 짊어지고 있던 무거운 짐에서 해방된 기쁨과도 같은 것이다.

젊은 사람이 생생하고 활기 넘치게 살고 있는 것은 과거의 슬픈 기억을 떠올리지 않기 때문이다. 이 시기에는 과거에 대한 후회와 늙는 것을 두려워하며 한탄하지 않는다.

그러나 아름다운 아가씨라 할지라도 불과 20년도 채 되지 않는 과거를 그리워하기 시작한다면 그 시점부터 노화가 빠르게 진행된다.

성인이 돼서도 과거 2, 30년 동안 쌓아 둔 슬픈 기억과 잘못된 신념을 버릴 수 있다면 15살의 청소년처럼 민첩한 심신을 유지할 수 있다.

무덤 속에는
영혼이 없다

가장 사랑하는 사람을 저승으로 보낸 경험이 있는 사람도 있을 것이다. 그러나 죽은 사람에 대해
슬퍼하고만 있는 것은 고인에게도 결코 좋은 일이 아니다.

대부분의 사람은 그 사람이 "죽어 버렸다."라고 생각하며 슬퍼하며

탄식한다. 그것은 육체를 잃은 영혼에게도 슬픈 일이다. 죽은 사람의

영혼과 본인과의 사이에는 뛰어넘을 수 없는 골이 생기기 때문이다.

가장 바람직한 것은 그 사람의 정신이 아직 살아 있다고 생각하는 것

이다. 묘지도, 묘비도, 관도, 수의도, 죽음에 대한 이미지도, 마음속에

서 털어 버리자. 가능하다면 무덤을 찾아가지 않는 게 좋을 것이다. 이렇게 말하면 너무 냉정하다고 말하는 사람도 있겠지만 절대로 그렇지 않다. 실제로 당신이 사랑하는 사람은 무덤 속에 있는 것이 아니다.

무덤이라는 존재는 괴이한 것이다. 고인의 영혼이 빠져나간 위에 흙을 덮은 것에 불과하지 않은가? 묘비에는 그 사람이 '죽었다.' 라고 적혀 있지만 실제로는 그렇지 않다. 그 사람은 죽은 것이 아니다. 그가 쓰고 있던 낡은 육체가 무덤 속에 들어 있을 뿐이다. 그러나 남겨진 사람의 마음속에는 언제까지나 무덤 속에 고인이 있는 것처럼 기억되고 있다.

영혼은 영원히 사는 것이라고 믿어 보길 바란다. 죽음이라는 것은 이 우주에 존재하지 않는다고 생각하길 바란다. 무덤에 대해 생각하거나 성묘를 가게 되면, 고인이 그곳에 죽어 썩고 있는 이미지가 강하게 연상된다.

무덤이라는 것은 정신적으로 가장 불건전한 장소이다. 그곳에는 후회와 죽음과 부패의 사고로 가득 차 있다. 이런 사고에도 힘이 있다. 그런 사고를 받아들인다면 자신의 신체에도 그런 죽음과 부패의 요소들이 흘러들게 된다.

성공을 부르는
긍정적 마인드

후회와 비탄은 인생에서 많은 것을 앗아간다. 계속적으로 한탄하고 후회하는 습관이 생기게 되면 결국에 가서는 마음이 슬픔으로 채색돼 어둠을 증가시키게 된다. 그리고 어떤 형태로든 신체에 부조화가 일어나게 된다.

비즈니스의 세계에서도 진취적이고 활동적인 사람은 과거의 실패를 후회하거나 슬픈 생각에 잠기지 않는다. 그렇게 되면 비즈니스는 진전을 이룰 수 없다.

"나는 과거에 실패했다. 앞으로도 모든 일이 잘 될 리가 없다." 라고 하는 사람이 있는데, 항상 뒤만 돌아보며 과거의 실패 속에서 살다 보면 더욱더 실패를 끌어당기게 된다. 이런 자세를 고치고 시선을 앞으로 돌려 미래의 성공에 대해 생각하지 않으면 성공은 있을 수 없다.

"나는 항상 몸이 좋지 않아." 라는 말을 하는 사람도 마찬가지다.

항상 뒤를 돌아보며 지금까지 경험한 육체적 고통과 병환만을 떠올리고 있지는 않은가? 그렇기 때문에 더 많은 병을 끌어들이는 것이다.

'지구가 젊었을 때' 라는 식의 표현을 들은 적이 있다. 이건 마치 이 혹성이 늙고 쇠약해져 당장이라도 사라질 것 같은 표현이 아닌가?

지구는 물론 이곳에 살고 있는 모든 생명체, 인간과 동물, 식물들은 그 순수함과 신선함에 있어서도, 진보와 번영에 있어서도 태곳적과 아무런 변화가 없다. 지금은 물론 앞으로도 생생하게 유지될 것이다.

'젊다.' 라고 하는 것은 "생명이 아름다움과 힘에 있어서 성장을 지속하고 있는 상태."이며 '거친 생명의 초기 상태' 라는 의미는 아니다.

밝은 미래를
만드는 방법

자연계에서는 죽음이라는 것이 빠르게 처리되고 있어서 거의 눈에 띄지 않는다. 그보다 자연은 도움이 되지 않는 것을 항상 다른 생명체로 변화시킨다.

나무들은 봄이 될 때마다 새로운 잎의 싹을 틔운다. 이미 떨어져 버린 낙엽 따위에는 신경을 쓰거나 슬퍼하지 않는다. 이윽고 나무 자체가 새로운 잎사귀와 꽃을 피울 수 없게 되면 다른 형태로 다른 식물의 생명 속으로 스며들어가게 된다.

아무 쓸모도 없을 것처럼 여겨지는 암반조차 먼 미래에는 나무와 꽃 속에 스며들어 생명을 자라게 하는 중요한 요소들을 포함하고 있다. 때가 되면 잘게 부서져 흙이 되고, 그 성분이 보다 아름다운 형태로 바뀌어 생을 이어가는 것이다. 이 요소는 그 모습은 바뀌지만 늘어나거나 줄어들지 않는다.

우리 인간들도 마찬가지다. 육체가 그 생을 마감할 때, 낡은 정신은 부서져 새로운 정신에게 자리를 내어 주며 우리는 새로운 정신적 존재가 된다.

자연계, 혹은 우주에서 변화하지 않는 것은 없다. 모든 것이 항상 변화하지만 후회하지는 않는다. 인간의 지혜를 초월하는 우주의 위대한 힘과 예지가 모든 생명을 보다 큰 힘과 가능성을 향해 추진할 수 있게 해 주며 인간들도 당연히 그 힘 속에 존재한다.

우리는 계속해서 성장할 수 있는 젊음을 영원한 유산으로 물려받았다. 신체는 물질적으로는 늙지만 정신이 물질적인 의미에서 늙는 경우는 없다. 태양의 빛이 시들지 않는 것과 마찬가지다.

너무 이른 신체의 노화는 잘못된 사고에 의해 정신을 덮고 있는 '껍질'에 드러난 거짓된 모습이다. 그런 잘못된 사고의 대부분을 후회가 차지하고 있다. 후회는 마음에 부정적인 힘으로 작용한다.

자연에서 건강한 삶의 방식이란 미래를 바라보며 확실한 기쁨을 느끼는 것을 말한다. 뒤를 돌아보며 과거에 연연하는 행동을 멈추고 미래에 커다란 기쁨이 기다리고 있다고 생각하면서 살게 된다면, 지금 보다 훨씬 젊고 매력적인 신체를 유지할 수 있을 것이다.

과거의 자아를
극복하는 법

일시적으로 과거를 회상하거나 일시적으로 과거의 생활로 돌아가는 것은 유익한 점이 전혀 없는 것은 아니다. 과거에 경험한 기억과 심리 상태가 되살아나지만, 그 덕분에 자신의 성장을 확인하거나 잘못된 생각이 아직까지 남아 있다는 것을 깨달을 수 있기 때문이다.

오랫동안 떠나 있던 자리로 돌아가거나 옛 지인들과 만나게 된다면, 그 사람들에 대한 감정과 잃어버렸던 습관이 되살아나 자신도 과거의 인생에 빠져들게 된다.

오랜 시간 동안 같은 장소에 살고 있을 경우에는 그 곳에 속해 있는 모든 것들과 강한 유대관계가 형성된다. 과거의 본인에 대한 인상이 현재 그곳에 살고 있는 사람들의 마음에 깊게 각인되는 것이다.

따라서 오랜만에 그곳으로 돌아가 그들과 만나게 되면 나약하고 우유부단했다거나, 게으른 술주정뱅이였던 과거의 자신으로 돌아가는 것 같은 느낌이 들어 자신의 이미지를 후퇴시키고 만다.

그러나 오랫동안 떨어져 있으며 성장한 새로운 정신과 자아가 과거의 자아에 반발을 하기 시작한다. 다시 말해, 과거의 편협한 생활, 잘못된 사고방식, 단조롭고 맹목적인 삶을 떠올리며 혐오감과 반감을 느끼게 된다. 그리고 새로운 정신은 과거의 자아와 연관되는 것을 거부한다.

과거와 현재, 두 개의 마음 사이에 대립이 생기게 되면 일시적으로 신체의 부조화가 일어나는 경우도 있다. 과거의 자아는 무덤에서 벌떡 일어난 것처럼 새로운 자아에 달라붙어 지배하려고 한다. 새로운 자아는 그 망령에 공포감을 느끼며 거부하게 된다. 그러나 동시에 이 망령을 통해 자아의 미숙하고 부정적인 부분이 보이게 된다.

이윽고 새로운 마음은 그것을 깨닫게 되고 그 잔상을 털어 버리려고 한다. 정신이 과거의 자아를 거부하는 것은 독사를 있는 힘껏 쫓아내는 것과 마찬가지로 결코 쉬운 일이 아니다. 새로운 사고를 정착시키기 위해서는 과거의 잘못된 사고와 마음가짐은 몰아내야 한다.

사고를 능수능란하게
조종하는 방법

과거의 추억 등을 모두 다 지워야 한다고 주장하는 것은 아니다. 지워야 할 부분은 불필요한 부분들이다. 슬픈 과거가 떠오르게 되면 거부해 버리자. 그런 그림자는 조금이라도 빈틈을 보이면 마음속에 파고 들어와 당신의 마음을 온통 잿빛으로 물들이고 말 것이다.

건강하고 즐거운 추억에는 마음껏 젖어도 괜찮다. 그럴 수만 있다면 추억의 장소를 떠올리거나 찾아가도 좋을 것이다. 언젠가 봤던 푸른 숲의 경관, 초원에 쏟아져 내리는 비, 푸른 하늘과 하얗게 부서지는 포말, 우리에게는 자신들의 인생과 연관된 생생하고 아름다운 자연 경관에 대한 추억들이 머릿속에 가득하다. 심신에 희열을 맛보게 해 주었던 그런 추억들은 여전히 아무런 변화도 없다.

행복을 창출해 낼 수 있는 이론은 이것뿐이다. 자신의 사고를 조종하는 것과 항상 건강한 환경 속에서 사고가 생성되도록 하는 것이다. 자신에게 고통을 주거나, 상처를 입히고, 슬프게 하는 것을 접하는 것은 아무런 의미나 가치도 없다.

희망을 품고 미래를 바라보며 지금보다 좋은 일이 일어날 것을 기대하고, 그것들을 하늘에 요구함으로써 우리에게는 힘이 생기게 된다. 그것이 하늘의 법칙이며 그것을 따르는 것이 창조주가 바라는 것이다.

6장

자연에 깃든
신의 섭리

식물의 지혜는 배우고 받아들일 만한 가치가 있다. 거기에는 인간이 가지고 있지 않은 지혜가 포함돼 있어, 우리에게 힘과 건강을 가져다주기 때문이다.

The human race is governed by its imagination.
인간은 그 상상력에 의해 지배된다.
Napoleon Bonaparte(프랑스 황제, 정치가, 군인)

인간이 정말 자연을
개량해 왔을까?

인간의 손길이 닿지 않은 자연의 숲을 사랑하는 사람은 행복하다. 그것이 무엇이든 '야생' '자연의 상태'의 것은 사람의 손길이 닿거나 사람에 의해 길러진 것들보다 신에 가깝기 때문이다.

자연은 숭고한 조물주의 힘과 위대한 지혜를 조용히 품고 있다. 원시림과 깊은 산속 등 인간의 손길이 닿지 않은 대자연 속에 들어가면 다른 곳에서 느낄 수 없는 형용할 수 없이 고양된 마음과 자유의 감각을 맛볼 수 있는 것도 바로 그 때문이다.

대자연의 숲과 바위, 새나 동물들에게서는 뭔가 신비한 기운이 솟고 있어 건강한 기분을 느끼게 해준다. 그런 신비스러운 기운에는 조물주의 힘과 정신이 내포돼 있어 그것을 인간들이 느낄 수 있는 것이다. 거기에는 단순한 공기가 아닌 다른 무언가가 있다.

그런 감각은 거리의 잘 꾸며진 공원의 가로수와는 전혀 다른 느낌이다. 그런 장소에 있는 초목에서는 자연을 '개량' 할 수 있다고 생각하는 인간의 세속적인 마음이 포함되어 있기 때문이다. 인간은 창조주가 이 세상을 대략적으로만 완성시켰기 때문에 나머지는 인간들이 완성시켜야 한다고 착각하게 된다.

원시림을 파괴하고 그곳에 살고 있는 새나 동물들을 죽여 온 것을 과연 '개량' 이라고 할 수 있을까? 강의 대부분도 하수와 공장에서 흘러 들어온 폐수로 오염됐다. 도시는 점점 커지고 벽돌과 시멘트가 대지를 뒤덮고 있으며, 사람들은 좁고 답답한 집 안에 갇혀 살고 있다.

지하에는 하수도가 벌집처럼 얼기설기 얽혀 있으며, 지상에는 소음과 위험으로 가득하다.

이것을 과연 조물주가 만들어 낸 자연의 질서를 '개량' 했다고 할 수 있겠는가?

자연의 사랑을
받는 사람

자연의 숲과 동물, 새들을 진심으로 사랑하도록 배우고 자란 사람은 행복하다. 그 모든 것들이 인간과 마찬가지로 조물주의 의도에 의해 만들어졌다는 것을 이해하고 있는 사람들은 행복하다. 자연을 사랑하는 보수로 자연으로부터 말로 형언할 수 없는 혜택을 얻을 수 있기 때문이다.

숲속의 나무들은 반드시 인간의 사랑에 보답을 해 준다. 그것은 신화도 아니며 감상에 젖는 것도 아니다. 사람이 나무들을 향해 애정이 담긴 기운을 발산한다면 나무의 정신은 그것을 느끼게 된다. 나무에도 생명이 있으며 인간만큼 고도로 성숙되지는 않았지만 마음과 지성도 있다.

사랑이라는 것은 눈에 보이지 않지만 공기와 물과 마찬가지로 실존하는 기운이자 모든 것을 살아 움직이게 하는 힘을 가지고 있다. 흔히 말하는 오감으로는 느낄 수 없지만 우리를 둘러싼 광대한 생명의 세계 속에서 파도와 조류의 흐름을 타고 떠다니고 있다.

나무에는 감각이 있기 때문에 우리가 사랑해 주면 그에 반응한다. 물론 사람의 눈에 확실하게 드러나는 반응을 보이지는 않는다. 우리는 나무가 보답으로 우리에게 가져다주는 행복감을 통해 나무의 기쁨을 느낄 수 있다. 신이 주신 사랑과 마찬가지로 실체를 조사하거나 검증하는 것은 불가능하다. 그러나 우리는 분명히 나무에서 조용하고 말로는 형언할 수 없는 평온함을 얻을 수 있다.

조물주는 이 세상을 만들 때 모든 피조물에 마음과 지혜를 주었다. 그렇기 때문에 우리가 나무와 바위와 이 세상의 모든 것을 사랑한다면, 그것들도 독자적인 마음과 지혜를 가지고 우리의 사랑에 보답해 줄 것이다. 자연을 사랑하는 것은 그것들에 잠재돼 있는 신에게 다가가는 것이다.

식물에 담긴
하늘의 지혜

나무도 마음이 있고 생각을 한다고 하면 아마 웃을지도 모르지만, 나무도 인간과 같은 조직을 갖춘 생명체이다. 혈액 대신에 수액이 있어 그것이 몸속을 순환하고 있다. 피부 대신에 나무껍질이 있으며, 폐 대신에 잎사귀가 달려 있다. 먹는 것은 토양과 공기와 햇빛을 통해 받아들이는 영양분이다.

나무들은 환경에 자신들을 적응시키는 지혜를 가지고 있다. 황폐한 대지에 서 있는 떡갈나무는 그 뿌리를 땅속 깊이 내려 돌풍을 이겨 낼 준비를 하고 있다. 밀집해서 자라나는 소나무는 그 뿌리를 깊이 뻗지 않는다. 주변에 있는 수많은 동료들이 서로 바람을 막아 준다는 사실을 알고 있기 때문이다. 감수성이 강한 식물은 인간의 불필요한 손길에 의해 시들어 버리는 경우도 있다. 또한 수많은 야생 식물들은 인공적인 환경에서는 건강하게 자랄 수 없다.

식물이 하늘에서 선물 받은 지성을 가지고 있다는 것을 아직 믿지 못하겠는가?

식물은 뿌리, 줄기, 가지, 잎사귀의 형태만으로 우리의 눈에 비치지만, 그것은 인간이 신체라는 형태를 띠고 있는 것과 마찬가지다. 나무나 인간 모두 그 정신까지는 사람의 눈에 보이지 않는다.

식물의 지혜는 배우고 받아들일 만한 충분한 가치가 있다. 거기에는 인간이 갖고 있지 않은 지혜가 포함돼 있어 우리에게 힘과 건강을 가져다주기 때문이다.

자연에서 얻는
생명의 힘

건강한 육체는 어떻게 만들 수 있을까, 매일 새로운 생명과 기쁨을 느끼며 행복하게 살기 위해서는 어떻게 하는 것이 좋을까, 어떻게 하면 보다 더 확실하게 신의 존재를 느낄 수 있을까, 끝없는 생명의 고통을 초월하기 위해서는 어떻게 하면 좋을까? 인간에게는 알고 싶은 게 너무나 많다.

　나무의 정신 속으로 들어갈 수 있다면, 나무는 사람들에게 이 대답을 가르쳐 줄지도 모른다. 나무를 단순히 목재나 땔감의 원료로만 보는 사람은 아무것도 얻을 수 없을 것이다. 마음이나 감정이 없는 물건을 다루는 사람에게 나무가 마음을 열어 줄 리가 없다.

　하늘을 향해 곧게 뻗은 수없이 많은 가지와 잎사귀는 지상에 생명력을 가져다 줄 기운을 방출하고 있다. 그것은 인간도 받아들이는 능력에 따라 흡수할 수 있다. 자연의 생명체를 자신과 마찬가지로 조물주에 의해 만들어진 피조물로서 친근감을 느낄 수 있다면 그 생명력을 흡수할 수 있게 된다.

새나 동물, 물고기나 곤충도 마찬가지다. 지성이 없는 것이라 치부하여 장난 삼아 죽이는 데 전혀 거리낌이 없는 사람은 이 생명체들에 잠재되어 있는 정신과 기운을 받아들일 수 없다.

사랑의 기운을 받아들일 수 있을지는 받아들여야 할 당신의 마음에 사랑이 얼마나 깊은가에 따라 결정된다. 초목과 곤충, 새 등 모든 자연의 것들을 만들어 낸 조물주의 사랑의 기운은 이 모든 것을 사랑함으로써 우리 속에 흘러 들어올 수 있다. 그것을 받아들이고 흡수하면 생명 속에 있는 기적과도 같은 힘을 느낄 수 있다.

그러므로 자연을 파괴하거나 상처를 내서는 안 된다.

숲을 파괴하면 그곳에서 얻을 수 있는 귀중한 기운의 양은 감소하고 만다. 토종 식물들을 수입 종으로 바꿔 심는다 할지라고 교배로 인해 품질이 떨어지고 나무가 주는 활력도 감소하고 말 것이다. 지상을 전부 도시와 논밭으로 만들어 버린다면 우리는 자연의 숲에서만 얻을 수 있는 생명의 기운을 받아들일 수 없게 된다.

인간에게 어울리는
환경

인간이 만들어 내는 것은 만들어진 순간부터 먼지와 부패를 가져다주는 것들뿐이다. 인간의 '위대한' 도시 속에서 우리는 숨을 쉴 때마다 먼지를 들이마시고 있다. 우리가 사는 세계는 끊임없이 움직이고 있으며 한시도 멈춰 있지 않다.

끝없이 이어진 돌과 벽돌, 콘크리트는 끊임없이 인간과 사물의 움직임에 따라 천천히 갈려 나가 눈에 보이지 않는 미세한 먼지가 된다. 인간이 몸에 걸치고 있는 옷, 가죽, 쇳조각 등도 매일 조금씩 달아 먼지가 되고 있다. 방 안의 장식장과 테이블, 옷 위에 단 하루 만에 얼마나 많은 먼지가 쌓이는지를 확인해 보라.

끊임없이 움직이는 힘에 의해 모든 것이 먼지가 되어 가는 것이다. 커튼 사이로 스며드는 햇빛을 바라보면 수를 헤아릴 수 없는 먼지가 떠다니고 있다. 인간의 신체도 더 이상 필요 없어진 피부조직을 벗어 내고 있다. 환자의 감염된 피부를 흩날리고 있다. 이런 먼지를 우리는 끊임없이 들이마시고 있는 것이다.

이래서는 건강한 생명력을 유지할 수 없다. 살아 있다고는 하지만 적어도 인간의 성장에 필요한 생명과는 어울리지 않는 환경이다.

그러나 자연은 생명으로 가득한 기운을 방출하고 있다. 신이 만들어 낸 자연을 가능한 그대로 유지해야 한다. 그렇게 된다면 자연은 우리에게 사랑과 생명의 근원을 가져다 줄 것이다.

자연 속의
고독

자연과 친근한 관계를 맺는다는 것은 단순히 낭만적 감상을 말하는 것이 아니다. 우리의 정신과 신체를 회복시켜 강인하게 만들어 주는 것이다. 그와 동시에 자연에 깃들어 있는 신과 교류하는 것이기도 하다. 자연에서 얻은 생명의 기운은 보거나 만질 수는 없지만 사물과 마찬가지로 실체가 있는 것이다.

산과 바다 등 대자연 속에 혼자 있을 때 비참하다고 느끼는 사람이 있다. 이런 사람들은 자연 속의 신을 느낄 수 없기 때문에 쓸쓸함을 느끼게 된다. 자연이 거칠고, 야만적이고, 우울한 것이라고 여기는 사람들은 도심의 소음과 집안의 소음 속에서만 자신의 존재감을 느끼게 된다. 대자연 속에 몸을 맡기고 고독을 즐길 줄 아는 사람, 쓸쓸함보다는 들뜬 마음과 희열을 만끽할 수 있는 사람은 자연에서 어마어마한 힘, 새로운 힘을 받아들이고 도시로 돌아올 것이다.

성서 속에 나오는 성인들도 산 속에 들어가 신의 기운을 받았다고 한다. 동양 사람들과 인도 사람들도 예로부터 자연 속의 고독을 사랑했다. 그들은 높은 산, 바다, 강 등의 자연 속에서 시간을 잊고 즐길 줄 알았다. 그렇게 무아의 경지에 이르러 우주의 지혜를 흡수한 것이다.

역사상 위대한 인물, 발명가, 시인, 소설가들 대부분이 자연을 사랑했다. 자연 속에서야말로 신선한 영감을 얻을 수 있기 때문이다. 시인들이 거친 자연 속에서 얻을 수 있는 영감을 땅속에 폐수가 흐르는 무기질적인 도시 속에서 얻기는 어려울 것이다.

자연을 즐기는 능력, 자연에서 힘을 받아들일 능력은 그런 소질이 전혀 없는 사람에게 억지로 가르쳐줄 수 있는 것이 아니다.

그러나 숲과 해변에서 신을 느낄 수 있는 마음, 거친 폭풍우와 같은 자연의 위력 속에서 아무런 두려움 없이 그 힘을 흡수할 수 있는 마음을 끝없이 추구하고 염원한다면, 언젠가 그 능력을 갖게 돼 새로운 마음이 낡은 마음을 대신하게 될 것이다.

7장

건강과
미의 법칙

사고는 눈으로 볼 수는 없지만 모든 사물과 마찬가지로 실존하고 있다. 그리고 끊임없이 사고의 성질에 따라 근육을 만들고 행동을 만들어 낸다.

Control your destiny, or someone else will.
자신의 운명은 자신이 조종해야 한다. 아니면 누군가에게 조종당하고 만다.
John Francis Welch Jr(미국의 실업가)

아름다움은
마음가짐으로부터

사고가 얼굴을 만들고 독특한 표정을 만들어 낸다. 자세와 행동, 몸가짐을 결정하는 것 또한 사고이다.

아름다움에도 건강과 마찬가지 법칙이 적용된다. 어떤 사고를 방출하고, 어떤 사고를 외부에서 받아들이는가에 따라서 아름다움과 추함이 결정된다. 추한 표정은 나이에 상관없이 무의식 속의 잘못된 마음가짐에서 생겨난다. 육체의 쇠퇴와 용모의 쇠퇴 또한 마음의 상태로 결정된다.

인간에게는 추한 것, 일그러지고 쇠퇴한 것을 싫어하는 오감 이외의 감각이 있다. 불완전한 것을 거부하고 완전한 것을 추구하는 본능과도 같은 것이다.

따라서 얼굴의 처진 주름, 육체적인 쇠퇴를 싫어하는 것은 자연스러운 일이다. 더럽혀지고 찢어진 옷을 싫어하는 것도 마찬가지다.

깔끔하고 아름다운 육체에 끌리는 것은 멋있는 새 옷이 더 좋게 느껴지는 것처럼 자연스러운 본능이다.

우리의 선조들은 노화를 피할 수 없는 것으로 여겨 왔다. 시간이 흐르면 자연스럽게 육체가 퇴화돼 추하게 되며, 정신도 노화되는 것이 자연의 법칙이자 질서이기 때문에 막을 수 없는 것이라 여긴 것이다.

그러나 60년 전(1830년 경)에는 사람이 마차로밖에 여행을 할 수 없다고 생각했다. 또한 50년 전(1840년 경)에 전보가 발명되기 전까지는 멀리 떨어진 곳에 있는 사람에게 메시지를 전달하기 위해서는 편지를 보내는 방법밖에 없었다. 사진이 발명된 반세기 전까지는 초상을 남기려면 화가에게 부탁할 수밖에 없었다.

이런 변화를 생각한다면 사람의 신체적 노화를 피하거나 늦추는 일이 과연 정말로 불가능한 것일까?

무지한 존재인 인간이 자연의 질서를 맘대로 해석하면서, 인간은 일정 시간이 경과되면 노화한다고 결정해 버리는 것은 너무나도 건방진 소리다.

아직 얼마 안 되는 과거밖에 보지 못하며 그것만을 되돌아보며 미래까지 결정하고자 하는 것은 너무나 어리석은 짓이다.

불가능을 가능하게 해주는
사고의 힘

지질학에 의하면 이 지구는 태곳적에는 상당히 거친 황무지였다고 한다. 하등 식물과 야만적인 동물들로 가득했다고 한다. 인간도 아마 상당히 야만적이었을 것이다.

태곳적과 비교한다면 지금 우리의 삶은 너무나도 세련되게 개선됐다. 그렇다면 미래에는 훨씬 더 세련되게 개선된 모습을 기대할 수 있을 것이다. 우리는 가장 복잡하고 고상한 동물인 인간의 힘을 전부 다 알고 있지는 않다.

"어째서 우리는 살아가는 데 유익한 경험과 지혜를 쌓을수록 늙어

가는 걸까? 어째서 그 성과와 기쁨을 맛보지 못한 채 쇠약해지고 사라져야 하는 걸까?"

아마도 이 의문은 모든 인류가 마음속으로 품고 있을지도 모른다. 이런 목소리는 처음에는 항상 작은 중얼거림에 불과하다. 바보 취급을 당할까 봐 쉽게 주변 사람들에게 털어놓지 못하는 것이다. 그러나 사람들의 모든 요구, 암묵적이건 입 밖으로 발설하건 그 요구가 강하면 강할수록, 혹은 그렇게 바라는 사람이 많으면 많을수록 결국에는 그것이 실현되어 간다는 것이 우주의 법칙이다.

수백만에 달하는 사람이 마음속으로 아주 먼 곳에 갈 수 있기를 갈망했기 때문에, 혹은 훨씬 빨리 소식이 전달되기를 바랐기 때문에 증기기관이 발명되고 전보가 발명된 것이다. 모든 사람들이 불가능한 공상에 지나지 않는다고 여겼던 일들이 실현된 것이다. 이와 마찬가지로 지금 사람들이 마음속 깊이 열망하고 있는 모든 바람도 언젠가는 이루어질 날이 올 것이다.

철도 사고가 수도 없이 일어났고 증기기관이 발명된 초창기에는 보일러 폭발도 빈번히 일어났었다. 그러나 몇 년이 지나자 폭발 사고는 10분의 1로 줄어들었다. 과오와 실패에도 불구하고 진실은 늘 끊임없이 전진해서 결국에는 그것이 옳았다는 것을 스스로 입증한 것이다.

미래에 지금보다 훨씬 수명이 길어져 사람들이 죽을 때까지 심신의 젊음을 유지하게 될 날이 오지 않는다고 누가 장담할 수 있겠는가? 사람들이 진심으로 간절히 바라는 것들은 언젠가 이루어진다는 것은 역사적으로 증명된 사실이다.

사고의
실체

노화뿐만이 아니라 신체의 모든 변화에 관한 열쇠를 쥐고 있는 것은 사고의 힘이다. 사고는 눈으로 볼 수는 없지만 사물과 마찬가지로 실체가 있다. 그리고 끊임없이 사고의 성질에 따라 근육을 만들어 내고 행동을 창출해 낸다.

항상 확고한 사고를 가지고 있는 사람은 걷는 모습조차 의연하다. 그렇기 때문에 행동거지와 태도, 말투가 의연하면 주변 사람들도 그 사람이 하는 말이 진심이라고 여기게 되는 것이다.

역으로 항상 우유부단한 사고를 가지고 있다면 말투와 행동거지 또한 그런 모습으로 드러날 것이다. 그런 상태가 오래 지속된다면 몸가짐도 흐트러지게 된다. 편지를 쓸 때도 마찬가지다. 서둘러 쓴 편지는 사고가 정리되지 않았기 때문에 두서없는 내용의 글이 되기 십상이다. 그러나 차분한 상태에서 글을 쓴다면 사고가 완전히 정리된 상태에서 깔끔하게 글을 쓸 수 있을 것이다.

사람은 누구나 매일 자신의 성격과 얼굴 표정을 만들어 내고 있다. 사고가 건강한 사람은 건강한 표정을 짓게 된다. 1년 365일 언짢은 표정에 불평불만을 토로하거나 금방이라도 싸울 듯 달려드는 사람은 얼굴에 추한 주름이 깊이 새겨진다. 언짢은 사고가 혈액에 독이 돼서 소화불량을 일으키고 피부에 상처를 입히기 때문이다. 눈에 보이지 않는 마음의 실험실에서 해로운 기운을 제조하고 있는 것과 마찬가지다.

그런 사고를 품고 있거나 표현할 때마다 피할 수 없는 우주의 법칙에 의해 타인에게서도 같은 종류의 해로운 기운을 끌어들이게 된다. 의기소침은 의기소침함을, 초조는 초조한 사고의 흐름을 마음의 자력이 끌어들이는 것이다. 마음의 자력은 그런 기운들로 충전돼서 더욱 강력해진다.

극단적으로 말하자면 마음속으로 사람을 죽이거나 도둑질에 대해 생각한다면 이 '인력의 법칙'에 의해 세상의 모든 살인마와 도둑들과 이어지게 되는 것이다.

사고에 어울리는
현실을 끌어올 수 있다

마음은 신체를 병 들게 할 수도 있고 건강하게 할 수도 있다. 어떤 사고를 품고 있는가에 따라, 혹은 다른 사람들로부터 어떤 사고를 끌어들이는가에 따라 강하거나 약해진다.

사람으로 가득한 극장에서 누군가가 "불이야!" 라고 소리쳤다고 하자. 그것은 착각에 불과하지만 사람들은 벌벌 떨면서 공포로 질려 버릴 것이다. 화재에 대해 생각한 순간에 공포가 신체에 작용해 힘을 빼앗아 버리기 때문이다. 두려운 사고와 감정은 하룻밤 사이에 머리카락을 백발로 만들어 버릴 만큼 강력한 작용을 한다.

분노, 짜증, 걱정, 초조함 등의 사고는 소화기관에 악영향을 끼치는 경우가 많다. 갑작스런 정신적 충격을 받으면 식욕을 잃고 위장이 음식을 제대로 받아들이지 못하게 된다. 갑작스러운 공포 때문에 짧은 시간에 신체에 해를 입히는 상태는 그리 자주 일어나지는 않지만, 대부분 사람들의 신체는 하루하루 천천히 병들어 가고 있다.

소화불량은 음식 때문에 생긴다고 여기기 십상이지만 실제로 그렇지 않은 경우가 많다. 음식을 먹을 때 마음속에 어떤 사고를 품고 있는가에 달려 있는 것이다. 세상에서 가장 부드러운 빵이라도 언짢은 상태에서 먹게 된다면 그 사고가 위에 전달되고 다시 혈액에 흡수돼 소화를 방해하고 결국 얼굴 표정에까지 드러나게 된다.

불안한 마음 상태에서 식사를 하는 경우에도 마찬가지다. 이렇게 많이 먹어도 되는 걸까, 더 먹으면 안 된다고 걱정을 하며 음식을 먹는다면, 그 음식 자체가 건강에 직접적인 악영향을 끼치지는 않는다고 하더라도 불안과 초조함이 음식과 함께 섭취돼서 결국에는 신체적으로 해롭게 된다.

천천히 여유롭게 이야기를 나누며 밝고 즐거운 기분으로 식사를 한다면 그 기분을 섭취하게 돼서 본인의 신체 일부가 되게 할 수 있다. 가족들이 항상 묵묵히 입을 다물고 식사를 하거나, 서로 꼴도 보기 싫지만 하는 수 없이 식탁에 모여 식사를 한다면 소화불량을 일으켜도 어쩔 수 없을 것이다.

　남편이 식사 중에 업무에 관한 일로 머리가 복잡하거나, 신문에 머리를 처박고 살인과 자살, 강도와 사건사고에 대한 기사를 읽어 가며 식사를 하거나, 아내가 가족들에 대한 불평불만으로 가득찬 채 식사를 하는 집안에서는 음식과 함께 온갖 불유쾌하고 무시무시한 사고의 기운이 위 속에 스며들게 된다. 그로 인해 식탁 끝에서 끝까지 온갖 소화불량이 발생하게 되는 것이다.

사고는 눈으로 볼 수는 없지만 모든 사물과 마찬가지로 실존하고 있다.
그리고 끊임없이 사고의 성질에 따라 근육을 만들고 행동을 만들어 낸다.

표정과 행동에 드러나는
마음 상태

인상을 찌푸리는 습관이 있는 사람들이 있다. 그런 사람들은 틀림없이 사고 자체가 일그러져 있을 것이다. 항상 입 꼬리가 처져 있는 사람은 어둡고 비관적인 사고로 인해 그런 얼굴 표정을 짓고 있는 것이다. 그런 얼굴은 한 사람에게 친구가 없고 대인관계가 원만하지 않은 것은, 그 사람의 얼굴이 간판이 돼서 누구와도 이야기하고 싶지 않다는 것을 선전하고 있기 때문이다.

성격이 급한 사람, 다시 말해 행동보다 사고가 앞서는 사람은 항상 상반신이 앞으로 기울어져 있다. 사고의 힘이 앞으로 끌어당기기 때문에 몸이 앞으로 기울어지는 것이다. 사고가 너무 앞장 서 나간다면 초조해 하거나 정신이 딴 데 가 있는 상태가 된다.

마음이 그 순간의 행동과 함께하는 사람은 침착하고 냉정하다. 그런 사람은 행동거지도 우아하다. 그것은 정신이 신체라는 도구를 완벽하게 조종하고 있기 때문이다.

생각이 현실로 이루어지는
인력의 법칙

비즈니스와 연구 등의 계획은 사고에 의해 만들어진다.

인간의 사고는 눈에 보이지는 않지만 쇠나 나무로 만들어진 기계와 마찬가지로 실체가 있는 것이다. 그리고 계획과 안건이 떠오름과 동시에 실행하고 구체화시키기 위한 힘을 끌어들이기 시작한다.

불행과 병환을 생각하거나 두려워하고 있을 때에도 눈에 보이지 않는 기운을 만들어 낸다. 그리고 인력의 법칙에 의해 자신에게 상처를 입힐 수 있는 파괴적인 힘을 끌어들이게 된다. 인력의 법칙은 쓰기에 따라 성공의 법칙도, 불행의 법칙도 되는 것이다. 남자의 완력은 물에 빠진 사람을 돕는 데 쓸 수도 있는가 하면, 자신의 심장에 비수를 꽂는 데도 쓸 수 있는 것과 마찬가지다.

미래의 노화를 예상하고 마음속으로 항상 늙고 병든 자신의 모습만 떠올리는 사람은 틀림없이 쉽게 노화하기 시작할 것이다. 자기 스스로 늙게 만드는 것이다.

반대로 마음속으로 씩씩하고 활기찬 자신을 연상하며 주변 사람들이 뭐라고 하든 그 이미지를 지속적으로 유지할 수 있다면 그리 쉽고 빠르게 늙어 가지 않을 것이다. 자신의 마음이 자석이 돼서 건강과 활력을 끌어들이게 될 것이다.

강력한 자연, 예를 들어 화강암으로 이루어진 산, 거친 파도가 몰아치는 바다, 끝없이 불어오는 강풍과 같은 것을 자주 떠올리는 사람은 강력한 기운을 마음속에 받아들일 수 있다. 그렇게 해서 정신 속에 받아들여진 것들은 마음가짐이 변하지 않는 한 부서지거나 잃어버리는 일이 결코 없다. 마음가짐이야말로 건강과 아름다움의 기본인 것이다.

몸 상태가 좋지 않은 사람은 자기 자신보다 병을 더 걱정하는 경향이 있다. 감기에 걸려 기침을 하고 있는 사람은 그 기침을 통해 주변 사람들에게 무의식적으로 메시지를 전달한다. "나는 병에 걸렸으니 나를 좀 동정해 주시오." 다시 말해 자신의 병을 공감해 주길 바라고 있는 것이다.

그러나 평소에 정신이 신체를 올바르게 관리하고 있다면, 정신이 발산하는 무언의 힘이 응석을 부리는 병의 기운을 물리쳐 준다. 예수님이 사탄을 물리친 것처럼 말이다.

감기는 물론 그 밖의 모든 병은 사탄과 같은 것이다. 생각하고 떠받들면 점점 그 세력이 커져 주변에 온갖 위해를 가하게 된다. 그러나 역으로 활력이나 건강도 사람들 사이로 퍼져 나가 주변 사람들을 활기차게 해 준다.

반드시 지켜야 할
아름다움과 건강

어른들은 12살 소년의 튀어 오를 듯한 활력과 부드러운 신체를 부러워한다. 가볍게 나무를 타고, 담장 위를 걷고, 맘껏 달리거나 달리지 않으면 안 되기라도 하듯이 강인한 두 다리를 부러워한다. 만약 어디선가 그런 다리가 만들어져 팔리고 있다면, 계단을 오르내리면서 헉헉거리는 뚱뚱한 신사 숙녀들이 기꺼이 사게 될 것이다.

사람들은 중년이 되면 점점 체중이 늘어나 움직임이 둔해지면서 신체가 굳어진다. 하지만 어째서 그들은 그런 자신의 증상에 대해 아무런 저항도 하지 않은 채 포기하고 마는 것일까?

대부분의 사람이 이 상태와 타협하는 데서 그치지 않고 그런 자신들의 모습을 위엄이라는 말로 포장하고 있다. 물론 아버지이자 사회의 일원이고 선거권을 행사하는 다 큰 어른이 날뛰듯 장난을 치며 소란을 피운다면 곤란할 것이며, 중년의 부인들이 12살 소년처럼 뛰어다닐 필요도 없다.

그러나 실제로 수많은 중년 남녀가 너무 이른 노인의 가면을 뒤집어쓰고 허약해진 육체로 엉금엉금 걸으면서 "이만하면 충분해. 어쩔 수 없는 일이야."라고 생각하고 있다. 젊은 남자가 지적으로 보이기 위해 불필요하게 안경을 쓰다 오히려 건강한 시력을 해치는 것과 마찬가지다.

아름다움과 건강을 유지하는 걸 포기할 필요는 결코 없다.

200년 전의 세상에 전화라는 것이 갑자기 나타났다면 사람들은 그것을 기적이라 불렀을 것이다. 전화를 사용하는 사람들이 감옥에 갇히거나 처형을 당했을지도 모른다. 그때만 해도 모든 평범하지 않은 힘은 악마로 여겼던 것이다. 그것은 그 시대 사람들의 사고 속에 악마적인 조잡한 기운밖에 없었기 때문에 인류의 행복을 위해 보다 뛰어난 사고가 생겨날 가능성을 믿지 않았기 때문이다.

자연계에 가득한 기운 속에는 인간이 아직까지 이해하지 못하고 있는 가능성이 무수히 잠재돼 있다. 인간이 가진 힘과 자연계 속에 있는 힘을 깨닫고 그것을 활용할 방법만 이해한다면, 그것들은 당장이라도 쓸 수 있게 된다.

'기적' 이라는 말과 '가능성' 이라는 말은 같은 것을 의미하고 있다.

8장

동물들을
둘러싼 환경

자연의 환경 속에서 자유롭게 살아가
는 생물들의 모습을 바라볼 때야말로
그들의 습관과 생활 모습을 배울 수
있다.

Chop your own wood, and it will warm you twice.
스스로 장작을 패라, 이중으로 따뜻해진다.
Henry Ford(미국 포드자동차 창업자)

생태계에서 격리돼
자유를 잃은 동물들

동물원이라고 하는 곳은 동물과 새 등을 자연생태계에서 격리시켜 고향을 영원히 빼앗고 인공적인
환경에서 살아가기를 강요하는 장소이다.

새는 그전까지 숲속과 하늘을 자유롭게 날아다니고 있었지만 갑자

기 한정된 공간에 갇혀 버리고 말았다. 그들의 날개가 자연 속에서처

럼 아름답게 빛나는 일은 두 번 다시 없을 것이며 동물원에서는 오래

살아남지도 못한다. 특히 열대 지방에서 잡아온 작고 섬세한 생명체들

의 수명은 매우 짧아진다.

곰, 사자, 호랑이, 사슴, 늑대 등은 인간과 마찬가지로 넓은 지역을 자유롭게 이동하는 동물들이다. 동물원 속에서는 그런 자유가 없다. 자연 속에서 맑은 공기를 호흡하고 있었지만 동물원에서는 대도시의 오염된 공기를 마셔야만 한다.

또한 땅에 구멍을 파는 습성이 있는 동물들은 대지의 평온함이 무엇보다도 중요하다. 그러나 이 동물들은 그저 단단한 콘크리트 바닥에서 사육되고 있다. 땅을 파고 숨고 싶다는 끊임없는 욕구 때문에 콘크리트 바닥을 긁다 생명을 다하고 만다.

수많은 원숭이들도 제 수명을 다하지 못한 채 죽어 간다. 태어나고 자란 환경과 비교해서 도시는 너무나 춥고 눅눅하기 때문이다. 아무리 인공적으로 난방을 해 주어도 그곳에는 그들의 고향인 열대 정글의 공기에 스며 있는 익숙한 기운이 없다.

물개에게는 바닷물만이 자연의 기운이지만 부적절한 물속에서 사육되는 경우도 있다.

자연계의 모든 생물은 태어난 자연의 특성과 위도의 범위에 속해 있는 것이다. 백곰은 북극에 속해 있고, 원숭이는 열대 식물이 무성한 숲에 속해 있다. 나서 자란 기후에서 격리돼 행동의 자유를 빼앗는 것은 그들에게 심한 고통을 주는 것에 불과하다.

자연에서 배우는
삶의 방식

동물을 잡아 고통을 주고 빠른 죽음에 이르게 하는 이 과정들은 끊임없이 온 세상에서 반복되고 있다. 전 세계 곳곳에 사람들을 보내 동물을 잡기 위한 덫을 놓고 있다.

잡아온 동물들을 모아 전시하는 의미가 대체 뭐란 말인가? 단순히 인간의 호기심을 채우기 위한 것일까? 대부분의 경우 사람들은 그저 2, 3분 정도 우리 앞에 멈춰 서서 철책 너머의 동물들을 바라볼 뿐이다.

철책 속 동물들의 모습을 바라보며 그들의 생태와 습성에 대해 무얼 배울 수 있겠는가? 사람을 우리에 가두고 관찰한다면 그 사람의 기호와 경향과 습성을 알 수 있을까? 단순히 호기심을 채우기 위해 그럴 만한 가치가 있는 것일까?

우리 주변에도 새가 살고 있다. 인간이 두려운 존재가 아니라는 것을 알게 된다면, 새들은 집 창가 가까운 곳에 둥지를 틀고 새끼를 키울지도 모른다. 그런 모습을 매일 바라보는 것이 짝을 잃고 우리에 갇힌 새를 보는 것보다 몇 백 배 즐겁고 가치가 있는 일 아닐까? 자연환경에서 자유롭게 살아가는 생물들의 모습을 바라볼 수 있어야만 그들의 습성과 생활 모습을 배울 수 있다.

새도 인간과 별 차이가 없다. 서로 자신의 짝을 사랑하고 둥지를 틀어 새끼를 키우며, 위험이 닥쳤을 때는 긴장을 하고 위험이 사라지면 안도의 한숨을 쉬게 된다. 그런 모습을 보고 공감할 수 있다면 자연 상태에서 살아가는 모습을 더욱더 사랑할 수 있게 된다.

9장

감춰진
하늘의 뜻

모든 일에서 성공 여부는 정신의 힘을
어떻게 쓸지에 달려 있다. 무언가를
이루기 위해서는 결코 그것이 '불가
능하다' 고 하는 생각을 가져서는 안
된다.

It always seems impossible until it's done.
어떤 일이든 성공할 때까지는 불가능해 보인다.
Nelson Mandela(남아프리카 최초의 흑인 대통령, 노벨 평화상 수상)

정신의 힘에 깃든 끝없는 향상심

정신적 존재인 인간은 우주 정신의 일부이다. 따라서 우리는 끊임없이 지속적으로 성장하는 힘이며 그것은 결코 시들지 않는다. 인류는 지금까지 오랜 세월을 거쳐 성장을 거듭하면서 지금의 지성과 정신을 일궈 낸 것이다.

인간의 정신적 힘은 과거에서 현재에 이르는 수많은 사람들의 인생을 통해 지금의 수준과 명석함에 이르게 됐다. 수많은 역경을 이겨 내고 고통과 욕망 속에서 갈등하며 더 높은 기술을 추구하며 각자의 영역, 직업에서 더 높은 곳을 지향하고, 결함에 굴하지 않고 끊임없이 도전해 온 결과로 얻어진 것이다.

인간이 보다 성숙하길 바라며 자아성찰을 위해 노력하는 것은 삶의 목적이 바로 행복에 있기 때문이다.

현재 우리에게는 지금보다 훨씬 높은 수준의 정신이 잠재되어 있다. 자신의 결점과 부족한 자질에 대해 만족하지 못하고 있다는 것이 가장 좋은 증거이다. 마음이 명석하지 않다면 그것들의 결점을 자각하지도 못할 것이다. 자기만족에 빠져 무슨 일이든 자신이 옳다고 생각한다면 불만을 느끼지도 못할 것이다.

자신을 되돌아보고 성찰할 수 있게 된다면 특정 결점에 대해 눈을 뜨게 돼, 이 결점이 점점 더 증폭되고 있는 것처럼 여기기 쉽지만 실제로는 그렇지 않다. 마음속에서 자라던 자신의 통찰력이 인격의 불완전한 부분에 주목하게 하는 것이다. 따라서 지금이야말로 그 결점을 해소시킬 때가 가까워졌다고 말할 수 있다.

고통은 성장을
이루게 해주는 자양분

집 안에 수많은 해충들이 우글거리며 좋지 못한 기운이 퍼져 있다고 하자. 발견했을 때는 별로 기분이 좋지 않겠지만, 그것을 발견하지 못했다면 훨씬 더 나쁜 상태로 발전할 것이다. 깨달을 수만 있다면 결국 문제를 해결하게 될 것이다.

우리의 정신에 본인이 모르는 사이에 사악한 기운이 파고들었고, 그것을 발견했다고 해서 실망할 필요는 없다. 결점을 깨닫고 혐오감을 느낀 순간 이미 개선이 시작되고 있다.

그 결점이 순식간에 해결될 거라는 기대를 품어서는 안 되며, 그것은 앞으로 반드시 개선될 것이다. 숲속의 나무들이 겨울에도 성장을 멈추지 않는 것과 마찬가지로 인간의 정신도 성장을 멈추지 않는다.

회화나 연극도 마찬가지로 무언가를 배우고 있던 사람이 한 달, 혹은 1, 2년 동안 공부를 쉬게 됐다고 하자. 그리도 다시 공부를 시작해서 얼마 되지 않아 자신의 능력이 쉬기 전보다 많이 향상됐다는 것을 깨닫는 경우가 있다. 쉬고 있는 동안에 새로운 것에 눈을 떠 능력이 향상된 것이다.

전혀 느끼지 못할 수도 있지만 인간은 결코 성장을 멈추지 않는다. 인생에서 맛보는 고통은 성장하는 정신의 힘에 의한 것이다.

그 고통으로 인해 자신이 뭔가 잘못된 길을 걷고 있다는 것을 깨닫게 된다. 그럴 때는 당장 그 길에서 벗어나야 한다. 올바른 길을 진지하게 추구하는 사람에게는 자연의 법칙에 의해 필요한 깨달음을 얻을 수 있게 된다.

우리는 무엇을 위해
살아가는가?

"인간은 무엇을 위해 사는가?" 라는 질문을 하는 사람이 있다. 어떤 의미에서 삶의 목표를 인간이 결정하는 일은 불가능하다. 사람이 지향해야 할 방향은 숙명적으로 결정돼 있다. 인생을 지배하는 법칙이라 불러도 좋을 것이다.

과연 하늘이 인간에게 바라는 삶의 목적이란 무엇일까? 그것은 삶을 통해 가능한 많은 행복을 얻는 것이다. 정신이 성장되면 앞으로의 미래가 지금 이상으로 기쁨에 넘칠 것이라고 확신하고 그것을 즐기며 살 수 있게 된다.

좀 더 자세히 말하자면 무거운 기억을 마음속에서 털어 버리고 자신이 살아 있다는 것을 감사할 수 있다. 병환과 역경을 뛰어넘을 수 있으며, 사고의 힘을 키워 욕구를 통제할 수 있게 돼, 죄를 범하거나 악덕을 범하지 않고 생활할 수 있다. 또한 정신의 힘으로 언제까지나 젊음과 활력을 유지할 수 있고, 자신과 주변 사람에게서 끊임없이 즐거움을 찾아내게 된다. 이렇게 정신적 성장 속에 스스로 행복으로 가득하고 타인의 위해 도움이 되는 사람이 되고, 누구의 적도 되 지 않고 모두와 원만한 인간관계를 유지해야 한다.

인생에 있어 이런 행복을 가능한 많이 손에 넣는 것이 하늘이 우리에게 부여한 숙명이다.

그렇게 살아간다면 인생의 시간이 한정적이라는 생각은 사라지게 될 것이다. 무언가에 큰 관심을 가지고 재미를 느끼고 있을 때나 흥분이 되는 연극이나 영화를 보고 있을 때는 시간이 흐르는 걸 잊게 된다. 성경에 적혀 있는 "하루를 천 년처럼, 천 년을 하루처럼."의 상태를 느끼게 된다.

본질을
깨닫는 힘

불교에는 열반이라는 말이 있는데, 이것은 마음의 고요함, 안정, 자신을 의미한다. 이런 경지는 모든 노력이 보상받을 수 있고, 모든 일이 잘 될 것이라는 자신감, 현재 느끼고 있는 행복감이 또 다른 행복으로 이어질 수 있다는 확신에 의해 가능해진다.

꿈을 실현하는 것이 아침에 해가 솟는 것과 마찬가지로 확실한 것이라고 느꼈다면, 혹은 자신에게는 특출난 예술적 재능이 있으며 확실하게 성공할 수 있다고 생각한다면 아무런 불안도 느끼지 않을 것이다.

정신이 어떤 계획이나 일에 집중하고 있을 때에는 그 사고에 포함된 요소에서 끌어당기는 힘이 발생해 그 일을 수행하기 위한 수단과 힘이 주어진다.

그것은 밧줄에 전해진 근육의 힘이 배를 항구로 끌어당기는 것과 마찬가지로 확실하다.

우리는 대부분 전기의 본질에 대해서는 잘 모르지만, 본인이 보낸 전보가 제대로 도착했을지 걱정하지는 않는다. 전기가 특정 장치를 통해 메시지를 전달해 줄 것이라고 믿고 있기 때문이다. 그러나 전기가 메시지를 전달할 능력이 있다는 것을 발견하기 전까지는, 전기가 존재하고 있다는 것은 알고 있었지만 그것을 어떻게 활용해야 할지에 대한 지식이 없었기 때문에 통신에 관해서는 아무런 도움도 받지 못했다.

인간의 정신이 가지고 있는 그 끝을 알 수 없는 능력도 이와 같은 상태이다. 그것을 어떻게 집중시키고 어떤 방향으로 작용시켜야 할지를 모르기 때문에 제대로 활용하지도 못한 채 썩히고 있는 것이다.

사람들은 그 힘을 쓰지 않고 썩히는 데 그치지 않고 무지와 오랜 습관으로 정신의 전력을 잘못된 방향으로 써 왔다. 대량의 악감정이라는 전류를 타인에게 보내거나 질투와 증오 등의 추한 감정을 주변에 발산해 온 것이다.

자신도 모르는 사이에 발산한 것이라 할지라도, 이것은 전기와 마찬가지로 실체가 있는 기운이기 때문에 타인에게 상처를 입히거나 반감을 주어 그 기운을 보낸 본인도 상처를 입게 된다.

모든 일의 성공 여부는 정신의 힘을 어떻게 쓸지에 달렸다. 무언가를 이루기 위해서는 결코 그것이 '불가능하다.'고 하는 사고를 가져서는 안 된다. 아무리 갑작스런 아이디어라고 할지라도 하찮게 여기거나 거부해서는 안 된다. 그 시점에서는 어떤 것을 거부하고 있는지 알 수 없기 때문이다.

모든 일을 불가능하게
하는 것은 자기 자신

새로운 아이디어가 떠오를 때마다 "그런 건 절대 불가능해!"라며 비명을 지르는 버릇이 있다면 그 것은 너무나도 해로운 습관이다. 그런 사람의 마음은 철창이 달린 감옥과 같은 것이라, 그 사람은 죄인과 같다.

전능한 신은 불가능한 것이 없으며 신의 힘은 인간을 통해 드러난다. 사람이 무슨 일이든 '불가능하다.' 라고 거부해 버린다면 그 사람을 통해 표출되어야 할 하늘의 힘을 거부하는 것이 된다.

"불가능하다!" 라고 비명을 지르는 것은 인간의 얄팍한 이해력을 우주를 측정하는 기준으로 삼는 것이다. 우주의 끝없는 공간을 1m에 불과한 잣대로 재려는 것과 마찬가지로 완전히 빗나간 착각에 지나지 않는다.

'불가능하다.' 라거나 '할 수 없어.' 라며 불만을 토로하는 사람들은 본인 스스로 '불가능성'을 만들어 내고 있는 것이다. 이런 사고야말로 모든 일을 성사시키는 데 가장 큰 장애물이다. 아무리 그 사람이 꽁무니를 뺀다 하더라도(그 사람 자신을 포함해서) 세상은 항상 앞으로 전진하고 있다. 그 움직임을 멈추게 하는 일이야말로 불가능한 일이다.

반드시 "나는 무엇이든 내가 바라는 대로 될 수 있다."라고 마음먹길 바란다. 작가, 연설가, 배우, 예술가 등 무엇이든 될 수 있다. 마음속으로 그렇게 강력하게 생각한다면 마음의 문이 활짝 열릴 것이다. '불가능하다.'고 한숨을 쉬고 있다면 문은 절대로 열리지 않는다.

'할 수 없다.' 라는 부정적 사고는 강력한 빗장이 되어 문을 굳게 닫아 버리고 만다. '할 수 있다.' 라는 사고의 힘만이 그 빗장을 풀어 줄 수 있는 것이다.

인간의 정신에 감춰진
무한한 가능성

인간의 정신은 위대한 우주 정신의 일부이다. 그리고 아직 발아 상태이기는 하지만 위대한 힘을 발휘할 수 있는 열매가 될 가능성이 잠재되어 있다.

예를 들어 건강한 사내 아기가 있다고 하자. 이 아이는 100g의 물건을 들어올릴 힘조차 없다. 그러나 이 약하고 어린 아기 속에는 20년 뒤 10kg의 물건을 가볍게 들어 올릴 수 있는 가능성의 싹이 자라고 있다. 그와 마찬가지로 지금은 비교적 나약한 정신이라할지라도 언젠가 강력한 힘을 발휘할 수 있는 가능성이 잠재되어 있는 것이다.

지금의 인생이 불행하다고 토로하는 대부분의 사람들은 이 자연의 법칙을 깨닫지 못했기 때문에 순리에 역행해서 기쁨 대신에 고통을 끌어들이고 있는 것이다.

올바른 법칙은 엄청난 정신의 힘을 가지고 있던 사람들의 과거 기록과 경험을 아무리 공부한다고 하더라도 완전히 체득할 수는 없다. 누구라도 쉽게 응용할 수 있는 일반 원칙에 관한 힌트는 얻을 수 있지만 각각의 법칙들을 제시하고 있지는 않기 때문이다.

아무리 타인을 흉내 내서 성공과 행복을 얻으려 한다 해도 그리 간단한 일이 아니다. 인간의 정신은 각각 다른 기운의 결합에 의해 형태를 이루기 때문이다.

자신에게 영원한 행복을 가져다주기 위해서 무엇이 필요한지는 스스로 공부해서 찾아내야 하는 것이다. 행복의 교과서는 바로 자기 자신이다. 본인이 오랜 세월에 걸쳐 경험한 페이지를 뒤지고 그곳에 쓰여 있는 내용을 정독하며 공부하는 방법밖에 없다. 다른 사람은 절대 대신 읽어 줄 수가 없다.

자신의 인생을 행복하고 아무런 부족도 없는 것으로 만들기 위해 무엇이 필요한지 판단할 수 있는 것은 본인뿐이다.

자신에게 있어 어떤 사람들과 인간관계를 맺는 것이 바람직한지,

어떤 음식이 유익한지, 일과 예술에 있어 어떤 방법을 쓰는 것이 옳을 지, 가장 바람직한 결과를 창출해 낼 수 있는 선택의 폭을 당신 스스로 결정하기 바란다.

물론 같은 영역에 있는 사람에게 조언이나 능력, 용기를 얻고자 할 때는, 본인보다 지식이 있는 사람에게 조언을 부탁하면 좋을 것이다.

성실하고 정직한 사람이 확고하고 열의에 찬 사람들과 정기적으로 만나 서로의 생각에 대해 이야기를 나눈다면 아주 많은 것을 얻을 수 있을 것이다.

인생을 남의 흉내로
끝내서는 안 된다

누군가 한 사람을 절대적인 지도자나 스승이라고 생각하며, 그 사람이 하라는 대로 그대로 따르는 것은 결코 바람직하지 않는다.

타인을 흉내 낸다는 것은, 타인의 삶을 일정한 기운과 화학물질의 조합을 통해 모의시험을 하는 것에 불과하다. 그로 인해 얻을 수 있는 것은 단순히 그 사람의 상황을 실험하는 결과에 지나지 않는다. 기운의 조합은 사람에 따라 완전히 다르기 때문에 반응하는 결과도 전혀 다르다.

인간의 신체는 철, 동, 마그네슘, 인 등을 비롯해 온갖 화학물질의 요소들을 포함하고 있다. 인체 내에는 현재의 과학으로는 알 수 없는 무수한 요소들의 합성과 재합성이 이루어지고 있다.

정신과 사고 속에도 신체의 화학물질에 해당하는 섬세하고 미묘한 요소들이 있다. 사람에 따라서 각각 다른 결합, 배합으로 이루어져 있다. 따라서 본인의 감각 이외에는 이 독특한 배합이 어떤 작용을 하는지 절대로 알 수 없다.

누구에게나 해당하는 일반적인 법칙도 존재한다. "사고는 멀리 떨어져 있는 사람에게도 영향을 끼칠 수 있다."고 하는 것이다.

그러니 이 법칙을 어떻게 자신에게 맞출지는 스스로 배우고 생각해야 하는 것이다. 바람이 배를 앞으로 나아가게 하는 것은 일반적인 힘의 법칙에 의한다. 그러나 각각의 배가 어떤 바람을 이용할지는 배에 따라 다르다.

예수는 제자들에게 자신을 숭배하지 말라고 했다고 한다. 예수는 이미 일반적인 법칙을 알고 있었기 때문에 그렇게 말할 수 있었을 것이다. 하지만 한편으로는 나약하고 많은 결점을 가진 한 인간에 불과한 자신의 삶의 방식을 흉내 낼 필요가 없다고 말하고 싶었던 것은 아닐까?

성장은
인간의 숙명

모든 인간은 생활 방식과 교양의 정도와 아무런 상관없이, 혹은 겉으로 보기에는 전혀 그렇게 보이지 않더라도 항상 정신적으로 꾸준히 성장하고 있다. 인간의 본질에는 더욱 성장하고 싶다, 더 나아지고 싶다는 무의식적인 욕망이 잠재돼 있다. 그것은 인간에게 주어진 하늘의 뜻이다.

인간이 더 나아지는 존재로 나아가게 하려는 하늘의 뜻은 술에 취해 거리에서 잠들어 있는 부랑자들에게도 작용하고 있다. 그 남자의 정신은 사실 거리에서 잠들어 있어서는 안되는 것이다. 그리고 악질 사기꾼의 정신에도 작용하고 있다. 그 또한 마음속 깊은 곳에서는 거짓말을 하는 것보다는 정직한 것이 좋다고 생각하고 있다. 아무리 인생의 밑바닥까지 추락한 사람이라도 그 인생에는 하늘의 뜻이 작용하고 있다.

예수는 "사람을 몇 번까지 용서해야 하나요?"라는 질문에 "사람의 결점과 미숙함을 용서하는 데 제한은 없다."고 대답했다. 잘못을 저지르기 쉬운 인간을 받아들이고 도와주겠다는 마음에 제한이 있어서는 안 된다는 말이다.

우리는 흔히 신중하게 생각을 하지 않은 채 추락한 사람에 대해 "저런 사람은 아무리 도와줘도 허사다."라는 말을 하고 만다. 그러나 그것은 너무나 해로운 행위이다. 희망이 없다는 부정적 사고를 방출하는 것이기 때문이다. 그런 부정적 사고는 상대에게 전달되어 절망이라는 진흙탕 속에서 벗어나려는 노력을 깨트리고 만다.

반대 상황도 마찬가지다. 자신이 어떻게 해야 좋을지 모를 때, 의기소침해 있을 때, 짜증과 시기와 증오의 진흙탕 속에 빠져 있을 때, 타인에게서 비판적이고 냉소적인 사고를 느끼게 된다면 다시 일어서기가 힘들어진다.

그러나 인간의 정신은 점점 성장해서 타인들의 그런 비정한 사고에 대해서도 점점 강해지게 된다. 그리고 이렇게 말할 수 있게 된다.

"당신에게 비판을 당하기보다 인정받고 싶습니다. 하지만 나는 타인의 인정이나 비판에 구애받지 않습니다. 내게 있어 가장 엄한 심판과 벌은 내면에 있는 신, 다시 말해 나 자신의 마음에 있기 때문입니다. 그리고 절대로 거기서 벗어날 수는 없습니다."

나 자신을 올바른
길로 인도하는 힘

정신의 눈을 뜨게 되고 성장하게 되면 자기 내면의 심판이나 과오에 대해 너그러워질 수 있다. 더 높은 정신을 몸에 익힌 인간에게는 이겨내야 할 사악한 사고가 적어지기 때문이다.

모든 인간은 숙명적으로 어느 정도의 결점을 가지고 태어난다. 그러나 인간의 정신에는 그 결점을 노력을 통해 극복하고 보다 큰 힘과 행복을 얻을 수 있는 방향으로 나아가야 하는 숙명도 주어져 있다.

그러므로 과오를 저지른 인간이 "결점은 인간의 숙명이라 하는 수 없다."라는 변명을 하더라도 통하지 않고 그 대가를 치러야 한다. 인간

사회의 법률에 의해 벌을 받지 않는다고 하더라도 본인의 마음속에 있는 자연의 법에 의해 심판을 받게 된다. 대부분의 사람들이 올바른 길을 알지 못하기 때문에 끊임없이 마음의 가책으로 고통을 받고 있다.

올바른 길을 알고 싶다고 끝없이 바란다면 언젠가 그 길이 열리게 되는 것이 하늘의 섭리이다. 깨달음은 벌에 의해서가 아니라 올바르게 사는 것이 기쁨을 가져다주는 것이라는 것을 느꼈을 때 찾아온다.

눈이 트인 사람은 식사를 할 때도 절제를 하게 된다. 때를 놓치지 않고 먹을 수 있는 것이 식사의 즐거움이라는 것을 경험을 통해 이미 배웠기 때문이다. 친구들에게도 너그럽고 친절한 배려를 할 수 있게 된다. 그렇지 않으면 친구를 잃게 된다는 두려움 때문이 아니라, 그것이 즐거운 일이라는 것을 깨닫게 돼서이다.

인간의 법률은 "이런저런 일을 해서는 안 된다. 그러면 벌을 받게 된다."고 하는 것이다. 그리고 이것은 신의 뜻을 인간이 나름대로 해석하고 같은 방식으로 표현한 것이다.

지금까지 신은 엄하고 무자비한 심판자의 이미지로 묘사된 경우가 많은 것 같다. 그러나 우리 인간은 벌에 의해서가 아니라 성장을 통해 주어진 끝없는 기쁨에 의해 자신들의 잘못을 뛰어넘는 것이다.

현대를 살아가는 우리는 과거보다 훨씬 명석한 정신력으로 사물을 바라볼 수 있게 됐다. 벌이라는 위협은 인간이 미개하고 야만적이었던 시대에 필요한 것이다. 향연을 향해 가는 인간에게 몽둥이로 다그칠 필요가 없는 것과 마찬가지이다.

10장

치유와
재생의 힘

자연의 기운이 따뜻해지고 재생될 때, 그 과정의 은혜를 최대한으로 받아들이기 위해서라도 신체가 휴식을 원하고 있을 때에는 밤낮을 가리지 않고 충분한 휴식을 취하는 것이 중요하다.

If you have faith, it will happen.
당신이 간절히 바란다면, 그것은 이루어질 수 있다.
Wilma Rudolph(소아마비를 이겨낸 미국의 육상선수)

생명력을 북돋위주는
이른 봄의 태양 빛

인간의 신체도 식물과 동물 등 자연계의 모든 생명체들과 마찬가지로 성장과 변화를 가져다주는 기운과 자연의 법칙의 지배를 받는다.

해마다 이른 봄에 태양이 내뿜는 특별한 힘은 나무와 새, 동물과 인간 등의 모든 생명체에 영향력을 끼친다. 고상하고 복잡하며 강한 정신력을 가진 인간이 그 힘을 더욱더 많이 받아들일 수 있다면 훨씬 유익할 것이다.

물질 과학은 이 태양의 힘을 '열'이라 부른다. 그러나 열이라고 알

려져 있는 물질은 그저 외면적 현상에 지나지 않는다. 열로서의 성질은 지구에 도달해서 지면의 요소에 작용하지 않는 한 드러나지 않는다. 지구 표면에서 10km만 벗어나더라도 그곳에는 열이 거의 존재하지 않는다.

이 힘이 태양을 벗어나 지구 표면까지 도달하는 모든 과정에 있어 열로써 작용한다면 높은 산의 정상이나 계곡도 마찬가지로 따뜻해야 할 것이다. 그러나 잘 알고 있듯이 높은 산의 정상은 만년설로 뒤덮여 있다. 그렇게 높은 곳에서는 태양의 힘이 대지의 요소들과 충분히 섞이지 않기 때문에 계곡과 들판에서 느낄 수 있는 열이 발생하지 않는 것이다.

이른 봄의 태양 빛에는 열 이외의 힘이 담겨 있다. 이 태양의 빛이 쏟아져 내리면 나무들의 수액은 순환을 시작한다. 뿌리를 통해 새로운 자양분을 대지에서 빨아들이는 것이다. 수액은 나무의 새로운 생명력으로 싹이 트고, 꽃이 피고, 열매가 열리는 것도 모두 이 수액에 의한 것이다.

또한 이 태양의 힘은 모든 활엽수들에서 볼 수 있듯이 겨울 동안 남아 있던 마지막 낙엽을 떨어뜨려 준다. 늦은 겨울에서 이른 봄 사이에 동물들과 새들이 털갈이를 하는 것과 마찬가지인 것이다.

그러나 이런 모든 외관적 변화는 자연 속의 생명체에게서 일어나는 모든 변화를 살펴본다면 비교적 작은 변화에 불과하다. 동식물들의 몸 전체에서 눈에 보이지 않는 미세한 틈을 통해 낡은 기운을 버리고 새로운 기운을 받아들이고 있기 때문이다.

인간의 몸도 이 법칙을 따르고 있다. 늦은 겨울에서 이른 봄에 걸쳐 인간에게도 '털갈이'의 시기가 있다. 이 시기에는 신체의 욕구에 따라 신체를 충분히 쉬게 하고, 봄이 가져다주는 생명의 작용을 방해하지 않는다면 인간들 역시 낡은 성분들을 털어 버리고 새로운 성분을 섭취할 수 있게 된다.

동물의 새로 난 털, 새의 새로 난 깃털, 사람들의 새로운 피부와 세포, 식물의 싹, 잎사귀, 가지 등 눈에 보이는 변화는 모두 봄의 힘이 작용하고 있다는 것이 겉으로 드러난 것이다. 작년에 흡수한 기운이 낡아 새로운 기운 속에서 결정 작용으로 일어나는 것이다. 광물성 용액 속에 들어 있는 금속 조각이 다른 성분들을 흡착해서 눈에 보이는 결정체를 만들어 내는 것과 마찬가지다.

끝없이 모습을
바꾸는 에너지

우리가 물질이라 부르는 것과 정신이라 부르는 것 사이에는 절대적인 경계선이 존재하지 않는다.
물질이란 단순히 정신과 사고가 일시적으로 우리의 눈에 보이는 것에 지나지 않는다.

정신의 힘은 석탄에 잠재되어 있는 힘과 마찬가지다. 석탄을 때면
엔진을 움직이게 하는 에너지가 발생한다. 사물인 석탄이 눈에 보이지
않는 기운으로 모습을 바꾼 것이다. 이처럼 힘이 눈에 보이는 상태에
서 보이지 않는 상태로 모습을 바꾸거나, 반대로 보이지 않는 상태에
서 보이는 상태로 변하는 것은 이미 잘 알려진 사실이다.

쾌청하게 맑은 날에도 수억 톤에 달하는 눈에 보이지 않는 물체가 우리의 머리 위에 있다. 그것들은 이윽고 눈에 보이는 비나 눈의 모습으로 우리의 머리 위에 쏟아져 내린다. 그리고 다시 몇 시간이 흐르면 그것들은 전혀 눈에 보이지 않는 형태로 하늘로 사라져 버린다.

이와 마찬가지로 모든 생명체들도 각각의 개체에서 정신이라는 에너지가 발생하거나 반대로 정신의 에너지에서 육체의 각 조직의 형태를 만들고 있는 것이다.

북미의 인디언들은 2월과 3월을 '약한 달'이라 부른다. 자연이 천천히 활동하는 시기라는 의미로 동물과 인간에게도 이와 비슷한 경향을 엿볼 수 있다. 이 시기는 회복의 시기로 생물의 조직은 이 기간 동안에 재생된다.

광물의 원소가 가장 완벽한 결정을 만들어 내는 것은 용액이 움직임 없이 가만히 멈춰 있을 때이다. 모든 생명체들도 원소가 재생, 재결정되는 이 시기에는 마찬가지 원칙이 적용되므로 육체를 혹사시키는 일은 피해야 한다.

자연의 기운이 따뜻하게 재생되는 시기에 그 공정의 은혜를 최대한으로 받아들이기 위해서라도 육체가 휴식을 요구할 때에는 밤낮을 가리지 말고 충분한 휴식을 취하는 것이 무엇보다 중요하다.

자연이 선물해 주는
재생의 힘

현대 사회에서는 수많은 사람들이 부자연스러운 생활 방식과 비즈니스라는 명목 하에 자연의 섭리에 반하는 생활을 강요당하고 있다. 일에 완전히 빠져 있어 그것이 얼마나 자신에게서 힘을 빼앗아 가고 있는지 깨닫지 못한다.

그러나 신체 리듬을 거슬러 의지의 힘만으로 심신을 끊임없이 혹사시킨다면 자연의 재생력이 작용되는 공정을 막아 버리게 된다.

자연의 재생 에너지가 신체에 동화되는 것을 막게 되면 신체에는 떡갈나무 낙엽처럼 낡은 기운이 떨어져 나가지 않은 채 달라붙어 있게 된다. 새로운 생명 대신에 그 생명이 다한 기운이라는 무거운 짐을 짊어지게 되는 것이다. 이것이 세포를 위축시키는 요인이다. 이렇게 해서 허리가 휘고, 머리카락은 백발로 변하고, 얼굴에는 깊은 주름이 생기게 되는 것이다.

흔히 말하는 '노화'라 불리는 육체의 노쇠는, 끊임없이 솟아나는 생명력의 공급을 제대로 받아들이지 못하는 것이 원인이다. 이 자연의 생명력은 항상 정신에 새로운 재료를 공급하고 새로운 옷을 입혀 주고 있다.

단순히 근육이 강하고 지칠 줄 모르는 힘을 지녀 활동적이라는 것은 건강하다는 증거가 되지 않는다. 병자라도 열기를 띠며 흥분 상태에 있을 때에는 두세 명이 제재를 가해야 할 만큼 엄청난 힘을 발휘하는 경우가 있다. 물론 흥분이 가라앉으면 다시 원래 상태로 돌아간다.

이와 마찬가지 현상은 비즈니스에서도 볼 수 있다. 치열한 경쟁 세계에서 수많은 사람들이 열기를 띤 채 흥분 상태로 살고 있다. 심신에 끊임없이 긴장을 강요하고 있지만, 이런 사람들은 오히려 그런 상태에 있는 것을 바란다. 팽팽한 긴장감이 없으면 일을 할 수 없는 것처럼 보인다.

그리고 결국 한계에 달해 자연의 섭리가 휴식을 명령하게 되면 긴장이 풀어져 활력을 잃고 만다. 그런데 그들은 이 자연이 보내는 친절한 경고를 오해하고 무슨 나쁜 병에 걸렸다고 착각하며 치료가 필요하다고 생각하게 된다.

하지만 잠시 병상에 누워 요양을 하게 되면 이전보다 훨씬 건강해져 체력이 더 좋아지는 경우가 가끔은 있다. 그것은 치료에 의해 병이 고쳐졌다기보다는 무리한 심신의 과로에서 해방돼서 휴식을 취했기 때문에 자연이 황폐해진 신체를 재생하고 수복해 주었기 때문이다. 자연의 재생력이 신선한 기운을 뼈와 근육과 정신에 공급해 준 것이다.

이렇게 자연이 가져다주는 재생의 힘이라는 사고방식을 쉽게 이해하고 믿기 어려울 수도 있지만, 마음 한구석에 간직하고 있길 바란다. 사고방식은 언젠가 마음속 깊이 뿌리를 내려 효과를 발휘함으로써 스스로 옳다는 것을 증명할 것이다.

충분한 휴식의
중요성

끊임없이 육체 노동을 하며 사는 사람은 일반적으로 생각하는 것보다 훨씬 빨리 육체를 손상시킨다. 뱃사람들은 매우 건강한 사내들이라는 인식이 있지만 대부분의 경우 그 정점은 몇 년 되지 않는다. 그들은 45살 정도가 되면 갑자기 확 늙어 버린다.

새벽부터 해가 질 때까지 하루도 빠짐없이 중노동을 하며 가장 보람 있는 노동을 하고 있다고 여기는 농부들도 대부분 50살 정도가 되면 관절염이 발병하게 된다. 중노동에 종사하며 신체를 소모하는 생활을 하고 있는 사람들의 평균 수명은 다른 사람들에 비해 훨씬 짧다.

나는 수 년에 걸쳐 캘리포니아의 광산에서 거친 사내들 속에 섞여

곡괭이질을 하거나 무거운 돌을 운반하고, 흙을 실은 짐차를 미는 일을 했다.

하루에 10시간에서 12시간이나 되는 중노동의 마지막 3시간은 건장한 체격의 사내들조차 기운이 빠져 감독이 눈을 번뜩이며 감시를 하고 있어 하는 수 없이 일을 하는 척만 하는 상태였다.

한도를 넘어서면 육체적으로는 더 이상 일을 할 수 없는 상태가 되는 것이다. 근육을 움직이고 있는 것은 단순히 의지의 힘에 지나지 않는다. 1860년 당시 20대 중반이었던 건장한 광부들은 이미 대부분 죽고 말았다. 30년이 지난 지금까지 생존하고 있는 사람들도 대부분은 거의 거동이 불편한 상태이다.

자연에 있어 활동기와 휴식기는 항상 교차하며 찾아온다. 나무들도 겨울 동안에는 휴식을 취한다. 그 시기 수액의 순환이 느려지고 새로운 잎사귀와 꽃, 열매를 맺는 일이 없다. 야생의 새들과 동물들도 여름 동안에 번식기가 끝나면 그저 먹고 자는 것 이외에는 거의 다른 일을 하지 않는다. 특정 동물들과 파충류들은 겨울 동안 동면에 들어가기도 한다.

대지도 최상의 작물을 키우기 위해서는 휴식을 취해야 한다. 토양에 화학비료를 뿌려 가며 억지로 작물을 수확하려 한다면 맛과 영양가가 떨어지는 것밖에 수확하지 못한다. 또한 자연의 상태에서는 볼 수 없는 병충해가 발생하고 만다.

인간도 힘이 강해지기 시작하는 소년기에서 4, 50대까지 끊임없는 중압감과 의지의 힘에 의해 쉴 새 없이 몸을 혹사하며 생활한다면 언젠가 병이 들 것은 불 보듯 뻔한 이치다.

자연 속에서 살아가는 나무와 새와 동물들처럼 충분한 휴식을 취한다면, 자연이 선물해 주는 생명의 기운을 훨씬 많이 받아들일 수 있게 돼, 건강하고 유연한 육체와 생기 넘치는 명석한 정신을 유지하게 된다.

몸을 움직이지 않을 때
작용하는 사고의 힘

많은 사람들이 믿고 있지 않지만 조용하고 평안한 때에는 신체 내부에 특별한 감각과 힘이 눈을 뜨게 된다. 동양인들과 북미 인디언 중에는 이런 감각과 능력을 이용하고 있는 사람들이 있다. 그것이 가능한 것은 그들이 여유롭게 자연과 어울리는 생활방식, 계절의 은혜로움과 조화를 이루며 살아가는 방식을 취하고 있기 때문이다.

그들은 서양인들처럼 남의 나라를 침략하거나 정복하기 위한 지배적이고 공격적인 힘을 가지고 있지 않다.

영국은 인도를 지배하고 미국은 인디언들을 거의 멸망에 가까운 상태까지 몰아갔다. 그러나 이런 무력으로 사람들을 완전히 제압할 수는 없다. 신체를 움직이지 않을 때 작용하는 '사고의 힘' 이야말로 최

종적으로는 무엇보다도 강한 것이다.

이 사고의 힘은 얻기 어려운 것이라 소리도 없고, 눈에도 보이지 않는다. 하지만 그것은 훨씬 고도의 의지에 의해 작용한다. 예를 들어 무력에 의해 제압당했다 하더라도 침입해온 문명을 자신들의 문명과 접목시켜 야만적이고 호전적인 억압자들을 높고 세련된 정신으로 바꿔놓는다.

억압당한 이집트의 예술과 문명은 그런 식으로 아시리아(고대 오리엔트의 나라, B.C. 25~24세기에 대제국을 건설. B.C. 617년에 멸망)에 전파됐다. 그리스는 로마에 무릎을 꿇었지만 그리스 문명은 로마에 전파됐다. 로마는 다시 북유럽의 민족인 고토족(2세기 경에 바이크셀강 하류에 정주하던 동게르만계의 부족)과 반달족(게르만족에 속하는 루기족을 중심으로 한 혼성부족)에게 굴복했지만 고대 이탈리아 문화의 영향이 고트족, 훈족, 반달족 사람들의 정신세계를 정화시켜 주었고, 훨씬 뒤에 가서 지금의 독일, 프랑스, 스페인, 이탈리아인을 탄생시켰다.

이처럼 침략과 약탈을 통해 침략당한 민족의 사고가 널리 퍼져 뿌리를 내려간 것이다.

영국의 최고 지식인들은 인도에 정신세계의 법칙이 있다는 것을 최근 들어 겨우 깨닫고 진지하게 연구를 하기 시작했다. 쉽게 말해 정복자인 영국이 인도의 발밑에 앉아 지금까지 지식인들이 몰랐던 이 사고의 힘과 그 법칙에 관해 걸음마를 떼게 된 것이다.

이 사고의 힘이란 정신에서 발생하는 힘이 하나의 목적을 향해 완전히 조화를 이루어 결집한 것이다.

사고의 힘을 모두 신체 각 부분의 작용에 투입시켜 매일매일 오랜 기간 동안 계절의 요구와 작용을 무시하고 몸을 움직인다면 신체와 사고 모두 피폐해지고 만다. 정신을 충분히 작동할 수도 없으며 봄의 재생력을 받아들이는 것도 막히고 만다. 쉬지 않고 일하며 충분한 수면을 취하지 않는 습관이 몸에 배면 사고 또한 밤늦게까지 뿌연 연무가 낀 상태가 되고 만다.

신체를 움직이지 않으면 아무것도 이룰 수 없다고 생각하는 사람이 있는데, 그것은 너무 잘못된 생각이다.

육체를 쉬게 하고 정신의 힘을 독립적으로 활동시킨다면 단순히 몸만 이용해 마차를 끄는 말처럼 일하는 것보다는 훨씬 유익한 결과를 얻을 수 있을 것이다.

새롭고 유연한 것들
흡수하기

식물의 잎사귀와 뿌리, 열매 등이 약품으로 쓰일 때에는 그 식물에 포함돼 있는 힘이 우리의 장기에 작용을 한다. 소화 과정을 거쳐 그 힘이 몸속으로 스며드는 것이다.

빵과 고기에서 얻을 수 있는 에너지 또한 식물의 힘이 우리에게 스며들듯 마찬가지로 체내에 흡수된다. 소화라는 것은 몸에 흡수되는 물질이 천천히 연소되는 과정이다. 석탄이 보일러 속에서 탈 때 발생하는 힘이 엔진을 돌리듯이 음식이 연소되어 발산하는 힘이 몸을 움직이기 위해 쓰인다.

식물의 싹은 새로울수록 부드럽지만 몸속에 흡수되면 본래의 강력한 효과를 발휘한다. 녹차 또한 최고의 효과를 낼 수 있는 것은 녹차 나뭇잎의 가장 부드러운 싹을 따서 이용할 때이다.

캘리포니아에서 흔히 볼 수 있는 옻나무를 모르고 만지게 되면 심한 고생을 하게 된다. 봄에 자라나는 식물의 싹은 부드럽지만 이렇게 엄청난 힘을 가지고 있다. 이 강력한 힘은 언젠가 강하고 튼튼한 잎사귀와 가지를 만들어 낸다.

봄에는 인간의 신체 또한 마찬가지로 부드러운 기운의 싹을 틔운다. 봄에는 왠지 모르게 몸이 나른하게 느껴지는 것이 바로 그 때문이다. 몸속에 부드럽고 새로운 싹이 자라나는 것이다. 그리고 그 싹은 힘으로 가득 차 있다.

정신없이 살아가고 있는 현대인들에게는 그 힘을 충분히 키우고 새로운 뼈와 근육과 정신을 재생시킬 만큼의 여유가 없다. 1년 365일 끊임없이 심신을 소모시키기만 한다면 싹을 틔우고 새로운 결정을 맺는 것이 잘 이루어지지 않는다. 싹이 트기 시작한 나무가 태풍을 맞는 것과 마찬가지로 신체에 충격을 가하게 된다.

자연이 보내는
휴식의 신호

"일을 해서 돈을 벌어야 하는데 자연의 재생작용을 위해 잠만 자고 있을 수 없다." 라고 말하는 사람이 있을 것이다. 원래 인간이 하는 모든 비즈니스의 원칙은 자연의 원칙과는 상반되는 것이다.

자연이 쉬라는 신호를 보내고 있는데도 무리를 해서 계속 일을 하게 될 경우에는 좋은 결실을 거둘 수 없다.

병환과 고통과 죽음을 초래하는 것은 흔히 말하는 건강하지 못한 생활이나 나쁜 습관 때문만은 아니다. 훌륭한 생활을 영위하고 현대 사회의 도심에서 살아온 사람들의 대부분이 병으로 고통을 받다가 죽어 간다.

절대로 쉴 수 없는 상황이라 할지라도 반드시 휴식이 필요하다고 느끼고 있다면, 무조건 쉬고 싶다고 갈망하며 자연의 재생력을 받아들이기 위해서는 쉬어야 한다는 점을 지속적으로 염원하라.

그 마음이 지금의 심신을 갉아먹는 상태에서 벗어날 길을 열어 줄 것이다. 강한 열망이나 사고는 기도와도 같다. 이것을 계속해서 반복해 말하는 것은 행복하고 건강한 인생을 사는 데 가장 중요한 기본이기 때문이다.

예수는 이렇게 말했다.

"구하라, 그러면 얻을 것이다. 두드리라, 그러면 열릴 것이다."

이것은 설명할 수 없는 불가사의한 것이지만, 진지한 인간의 열망이나 의지는 결국 바라던 대로의 결과를 가져다준다는 뜻이다.

인간은
무엇으로 사는가?

바람은 공기의 움직임이라는 것에 대해 앞에서 설명한 바가 있다. 하지만 무엇이 공기를 끊임없이 움직이게 하는 걸까? 조류는 달의 인력이라는 것을 설명한 바가 있다. 그러나 대양을 가로지르는 거대한 조류를 지속적으로 움직이게 하는 것은 무엇일까? 최근 40년 동안 더 이상 알아 낸 것이 있었는가?

인간의 폐를 끊임없이 움직이게 하는 힘은 과연 무엇일까? 신체의 구석구석까지 끊임없이 혈액을 공급하고 있는 힘은 무엇일까?

이것들은 모두 생명을 가지고 살아가는 모든 생명체 속에서 작용하는 신의 힘이 아닐까? 모든 생명체들 중에 우리 인간들만이 이 힘을 지적으로 활용할 수 있는 지성이 주어져 있다. 과거 인간의 육체는 짧은 시간 안에 늙고 쇠퇴해 갔지만, 앞으로는 더 이상 그럴 필요가 없다.

인간이 가지고 있는 정신과 힘의 성장을 믿고, 또한 육체의 기운을 보다 질 높은 것으로 끊임없이 재생함으로써 노쇠 과정을 멈출 수 있는 날이 올지도 모른다.

11장

정신을 품고 있는 영원한 젊음

신념이란 진실을 믿는 힘, 올바른 사고방식을 받아들이는 마음의 포용력이다. 자신을 믿는 사람은 믿지 않는 사람보다 더 많은 것을 이룰 힘을 가지고 있다.

It is not length of life, but depth of life.
중요한 것은 인생의 길이가 아니라 인생의 깊이다.
Ralph Waldo Emerson(미국 사상가)

언제까지나 늙지 않는
육체를 만드는 방법

나는 인간이 언젠가 늙지 않고 병들지 않는 육체를 얻는 일이 가능하다고 생각한다. 다시 말해 해가 갈수록 체력과 활력이 일률적으로 감소하는 것이 아니라 정신이 육체를 사용하길 바라는 한 젊음을 유지할 수 있다는 것이다.

지금까지 인류의 역사를 미루어 볼 때 사람들이 진지하게 바라는 것이나 기도는 반드시 실현됐다. 현대 사회는 지금보다 훨씬 더 좋고 훨씬 더 장수를 바라는 사람들의 간절한 바람이 있다.

대부분의 사람들이 인생에서 이전보다 더 큰 가치와 가능성을 발견했기 때문일 것이다. 수많은 사람들이 "겨우 어떻게 살아야 할지를 배웠는데 이제 숨이 끊어질 것 같다."라며 탄식하는 소리를 자주 접하게 된다.

육체적 젊음은 정신이 육체에 작용해 끊임없이 변화시키고 향상시켜 세련되어지는 과정을 통해 유지된다.

정신은 육체에 새로운 기운을 불러들여 낡고 쇠퇴한 부분을 털어내려 한다. 그리고 육체를 재창조하는 배후에서는 더욱더 중요한 정신의 재창조도 동시에 이루어지고 있다. 육체와 정신을 재창조하고자 하는 과정 속에서 신체의 부조화나 병환이 생기는 경우도 자주 있다.

그러나 대부분의 사람들은 이런 정신의 특성을 이해하지 못한다. 통증과 고통이 동반되는 상황이 발생하면 죽음이 가까워졌다는 징후가 아닐지 두려워한다. 모든 것을 육체를 중심으로 판단하면 필연적으로 발생하는 일시적인 신체적 부조화도 단순히 나쁜 병으로만 여기게 되는 것이다. 인간은 일정 시간만 지나면 반드시 병들고 노화하기 때문에 그것을 막는 것은 불가능하다고 여기는 것은 바로 이 때문이다.

믿음에서 우러나는
생명의 힘

신체는 정신 상태에 따라 끊임없이 그 기운을 변화시킨다. 마음가짐에 따라 노화와 병환, 죽음의 기운이 늘어나는 경우도 있으며, 힘과 생명력과 영원한 생명의 기운이 늘어날 수도 있다. 두 경우 다 사고방식과 신념이 살과 피에 스스로 구체화시킨 결과다.

피할 수 없는 노화와 죽음을 믿고 있다면 노화와 죽음의 기운이 정신에서 육체에 스며들게 된다. 항상 새로운 생명력의 유입을 믿고 있다면 생명의 힘이 생겨난다.

새로운 생명의 힘이 생겨남과 동시에 낡고 노화된 부분은 떨어져 나가는 것이다. 봄이 돼서 새로운 수액이 나무에 흘러 들어가면 겨울 동안 달라붙어 있던 낡은 잎사귀가 떨어져 나가는 것과 마찬가지다. 포유류나 새 또한 새로운 생명의 힘을 받아들임으로써 낡은 털과 깃털을 버리고 새로운 것으로 몸을 치장한다. 인간의 육체에도 그와 마찬가지 변화가 일어난다.

인간은 다른 동물에 비해 고도로 발달돼 있기 때문에 보다 큰 생명의 힘을 받아들일 것이다. 단, 사람에 따라서 그 힘을 많이 받아들이는 사람과 전혀 받지 못하는 사람이 있는 것 같다.

고차원의 자아, 다시 말해 '정신의 마음' 이 새로운 사고를 받아들이면 저차원의 '신체의 마음' 은 반발을 한다. 이렇게 해서 마음속에서 갈등이 생겨나면 신체에도 악영향을 끼치게 된다. 그러나 두 마음이다 이 최상의 힘을 믿고 병과 죽음은 일정한 나이가 되면 어쩔 수 없이받아들여야 하는 필연이 아니라고 생각하게 된다면, 그 힘이 발휘될것이다.

병을
극복하는 힘

어떤 신념을 갖는가에 따라 병은 축복이 될 수도 재난이 될 수도 있다. 예를 들어 병이라는 것은 낡은 기운을 벗어버리는 정신의 과정이라고 믿을 수 있다면 이 과정에 있어서 정신의 작용을 기꺼이 환영하게 될 것이다.

　병이 단순한 신체적 부조화이자 불행한 일이라고 여긴다면 정신에 부적절한 부담을 주게 돼서 결국에는 육체를 지키는 것을 포기하게 만들어 버린다. 육체가 재생을 통해 항상 젊어진다는 생각을 비웃는 사람은 영원의 생명이 들어오는 입구를 막아 버려 노화와 죽음의 입구를 열게 된다.

이 사실을 지금 당장 믿지 못하는 사람도 있을 것이다. 그러나 우리가 현재 믿지 못하는 일들이 미래에서는 수도 없이 많이 일어날 것이다. 불가능하다고밖에 여겨지지 않는 일들이라도 수많은 사람들이 이루어지기를 간절히 바라고 믿는다면 분명히 이루어질 것이다.

신념이란 진실을 믿는 힘, 올바른 사고방식을 받아들이는 마음의 포용력이다. 자신을 믿는 사람은 믿지 않는 사람보다 더 많은 것을 이룰 수 있는 힘을 가지게 된다.

현재로서는 기이하게 여겨지는 일도 가능성을 믿는다면, 믿는 이유를 찾아낼 능력이 생겨나게 된다. 진실을 알고 싶다는 흔들림 없는 마음을 계속해서 품고 있다면 이는 불가능하다고 여겨지는 일들을 달성하게 해줄 힘이 된다.

예수는 병자들을 고칠 때 "믿음이 그대를 살렸다."라고 말했다. 이것은 환자 본인이 반드시 나을 것이라고 믿었기 때문에 병이 나았다는 것을 의미한다. 예수의 힘이 아니라 환자의 내면의 힘이 작용해 병을 치유한 것이다.

병에 대한 마음가짐을 바꿔야 한다. 이전에 병이 들어 죽음의 공포를 맛본 사람에게는 그 기억 때문에 병을 두려워하는 사고가 뿌리를 내리고 있다. 그 이후로 줄곧 그 사고가 건강을 해치고 몸을 허약하게 하고 있는 것이다. 그러나 사고방식을 바꾸는 것은 지금부터라도 전혀 늦지 않다.

물론 병이 들었을 때 의학과 의사의 치료도 큰 도움이 된다. 실력이 좋고 친절한 의사가 있다면 환자에게 매우 큰 도움이 될 것이다. 그러나 약이나 의사의 조언도 결국에는 본인이 그것을 얼마나 믿을지에 따라 그 효과가 달라진다.

정신이 낡고 무거운 짐을 내려놓고 새로운 신체를 재생해 주는 공정을 의사와 약이 도와주고 주고 있다고 생각한다면 병을 고치는 데 큰 도움이 될 것이다. 그러나 약과 의사가 아무리 일시적으로 병을 고쳐 주었다고 할지라도, 환자가 어차피 몇 년 되지 않아 수명이 다할 것이라고 생각한다면 모든 노력이 다 헛된 것이 될 것이다.

신념이란 진실을 믿는 힘, 올바른 사고방식을 받아들이는 마음의 포용력이다.
자신을 믿는 사람은 믿지 않는 사람보다 더 많은 것을 이룰 힘을 가지고 있다.

육체의
퇴락과 소멸

노인들의 등이 왜 굽는다고 생각하는가? 왜 앞으로 상체가 굽고, 무릎이 약해져서 절룩거리며 걷게 되는 것일까? 그것은 정신의 재생 노력을 부정하고 육체에 저속한 사고의 무거운 짐을 지게 했기 때문이다. 그 무게로 인해 몸이 앞으로 굽는 것이다. 신체는 항상 정신과 마음을 반영한다.

어떤 사람들은 나이가 들어서도 젊음과 아름다움을 유지하며 활력이 넘친다. 그 배후에 있는 정신이 새로운 아이디어와 계획, 희망과 목적과 발상에 의해 끊임없이 재생하고 있기 때문이다. 영원의 생명이란 나이가 많이 든 사람이 거의 반쯤 죽은 상태로 살아 있는 것을 의미하는 것이 아니다. 생명을 단순히 물질적인 것에 일시적인 것으로밖에 생각하지 않는 사람은 음식과 물을 섭취함으로써 신체가 유지된다고 생각한다. 신체가 실제로는 정신에서 전달되는 눈에 보이지 않는 기운에 의해 유지된다는 것은 상상도 하지 못한다. 이런 사람은 오감으로 느낄 수 있는, 다시 말해 물질적이고 일시적인 것만이 이 세상에 존재한다고 생각한다.

육체의 죽음이라는 것은 사실 인간이 관 속에 들어가기 훨씬 전부터 이미 시작되고 있는 것이다. 정신이 죽은 기운을 버리고 새로운 기운을 만들어 내는 과정이 제대로 작용하지 않을 경우에는 천천히 죽음을 향해 가고 있기 때문이다. 그런 사람은 혈색이 좋지 않다.

소년 시절에 정신은 낡은 기운과 새로운 기운의 교환이 활발하게 이루어진다. 그러나 세월이 흘러 정신의 진보 속도가 둔해지면 그에 반응하는 육체의 변화도 늦어지게 된다. 육체는 결국 노화의 징후를 보이게 된다. 정신이 새로운 생명력인 새로운 사고를 끊임없이 받아들이지 않는다면 노화의 속도가 빨라지게 된다.

육체의 죽음은 정신에 있어 아무런 도움도 되지 않는 부적절하고 초라한 기운을 벗어버리는 마지막 과정이라 할 수 있다. 그리고 결국 정신이 육체를 벗어나고 만다. 육체가 정신을 벗어나는 일은 절대로 불가능하다. 정신이 육체를 단념하는 것이다.

자연의 상태로 열린 마음이
재생력을 높여 준다

아이들은 본능적으로 어른들보다 뛰어난 정신적 감각을 가지고 있다. 진실에 대해 마음을 열기 때문이다. 그러므로 18살에서 20살 정도까지는 정신의 재생 과정이 매우 잘 이루어진다. 이렇게 육체의 활발한 변화가 젊은이들의 아름다움과 싱싱한 젊음을 유지해 주는 것이다.

아이들은 마음의 인도를 받는다. 자연스럽게 행동하고 처세술 따위는 생각도 하지 않는다. 위선적인 습관을 몸에 익히지 않기 때문에 좋아하는 사람, 싫어하는 사람에 대한 감정을 숨기지 않고 표현한다. 때문에 직관도 어른들보다 날카롭다. 부모는 깨닫지 못하지만 악의를 품고 있는 인간을 강하게 거부하는 경우도 있다. 그들은 그저 마음속으로 느낀 것을 말로 표현하는 방법을 잘 모르고 있을 뿐이다.

우리 어른들은 마음속으로는 부정하더라도 "네, 그렇습니다."라고 대답하며 상대에게 달라붙는다. 실제로는 화를 내고 실망과 초조함을 느끼고 있지만 만족스럽고 행복하다는 듯이 행동한다. 좋고 싫음, 바라는 것을 솔직하게 표현하지 못하는 습관이 몸에 배고 만 것이다.

이런 습관은 정신의 감각과 힘을 둔하게 한다. 진실과 거짓을 분간하지 못하게 만든다. 그렇기 때문에 어른들은 자연의 위대한 재생력을 있는 그대로 받아들이지 못하고 제대로 끌어들이지 못하는 것이다.

그러나 자연의 재생력을 믿고 있는 사람에게는 올바른 사고가 힘을 가져다준다. 그 힘이 신체의 각 기관과 기능에 작용해 젊은 사람들과 마찬가지로 재생 과정이 빨라지는 것이다.

젊음을 유지하는
비결

정신의 힘이 생기게 되면 눈에 보이거나 보이지 않는 것이라도 해로운 것에 대해 매우 민감한 반응을 하게 된다. 정신이 관여를 해도 괜찮은 것을 가르쳐주어 사악한 것과 속이 시커먼 사람이 접근해 오면 순식간에 경고를 해 준다. 몸에 해로운 것을 감지해서 촉각과 미각 등의 신체적 감각을 통해 거부하게 한다.

유해한 것을 잘못해서 입에 넣게 되면 미각이 그것을 거부할 것이다. 이미 삼켜 버렸을 경우에는 위가 그것을 배설해 버릴 것이다. 다시 말해 해로운 음식을 거부하는 것은 위가 아닌 것이다. 그것이 유해하다는 것을 느끼고 소화기관에 구역질을 일으키게 하는 것은 정신의 힘이어야 한다.

무의식적으로 받아들이기 쉬운 사고도 바람직한 것이라면 거부하거나 버리지 않는다. 사악한 사고는 정신의 독이 되기 때문에 식중독을 일으키는 음식보다도 훨씬 해로운 것이다.

정신은 심신의 건강을 유지하기 위해 물질적인 원조도 이용한다. 그것은 양질의 음식을 운반하거나, 좋은 친구를 사귀게 하거나, 좋은 습관으로 바꿔 주는 식의 형태로 이루어진다. 그런 물질적 원조를 총괄 지휘하는 것이 바로 정신의 힘이다.

사람은 이 정신의 지도에 따라야만 한다. 그러면 피해야 할 음식을 먹는다면 미각이 거절하는 것처럼 유해한 친구를 사귀지 않게 된다. 이렇게 해서 나쁜 습관도 자연스럽게 사라지게 된다.

정신의 힘을 좀 더 강하게 믿어라. 정신을 충분히 일하게 하는 것이 무엇보다 중요한 것이다.

불로장생은 그리 쉬운 일은 아닐 것이다. 하지만 정신의 성장 발전과 함께 젊은 신체를 오랫동안 유지하는 것은 불가능하지 않다.

12장

긍정적 마음이
가지는 인력의 힘

항상 보다 나은 자신, 성장하려고 하
는 진취적 자세가 신체의 재생을 촉진
시켜 준다. 정신의 변화에 육체의 각
부분의 조직들이 호응해서 변화하는
것이다.

Never, never, never, never give up.
절대, 절대, 절대, 포기하지 마라.
Winston Churchill(영국의 정치가, 노벨 문학상 수상)

인간이 만들어내는
불행한 정신

우리는 어째서 항상 마음의 평온을 바라는 걸까? 어째서 가끔씩 우울한 마음에 젖어드는 걸까?
그것은 사람들이 설령 자신의 이상적인 생활을 영위할 수 있는 환경에 있다고 하더라도 사회 전체
가 사람들의 정신을 혼란스럽게 하는 온갖 부조화의 지배를 받고 있기 때문이다.

일부에서는 동물을 인공적인 환경에서 번식시키고 인간들의 눈요
깃감이나 돈벌이 수단을 위해 부자연스럽고 건강하지 못한 신체로 바
꿔 버리는 행위가 자행되고 있다. 게다가 일부 특정 요리에 대한 부자
연스럽고 광적인 욕망 때문에 거위의 간을 억지로 붓게 만드는 병에
걸리게 하는 경우도 있다.

인간이 불필요한 손길을 가하지 않는다면 자연은 생명체에 가장 바람직한 상태를 항상 준비하고 있다. 인간에게도, 새에게도, 동물에게도, 그런 환경에서 살 권리가 있다.

인간은 일부러 병적인 것으로 가득한 세상을 만들고 있다. 육체적인 병뿐만이 아니라 정신적인 불행도 만들어 내고 있다. 이런 엄청난 불행은 직간접적으로 인간에게 영향을 끼치고 있는 것이다.

건강을 해치는
사고의 습관

선량한 사람일수록 주변의 병적인 환경 때문에 고통을 받는다. 인간을 둘러싼 모든 것은 인간의 사상과 사고가 형태를 갖추고 드러난 것이다. 그러나 그 물질의 상태가 다시 인간의 정신 상태를 좌우한다.

싱싱한 과일을 먹으면 생명력을 얻지만 썩은 과일이나 채소를 먹게 되면 위에 영향을 주지는 않는다 하더라도 왠지 모를 불쾌감을 느끼게 된다. 부패한 기운을 받아들였기 때문이다. 모든 음식물들은 이르건 늦건 간에 그것의 생명력이 가장 충만했을 때 먹는 것이 좋은 것이다.

무지로 인해, 혹은 당장의 필요에 의해 수많은 사람들이 심신의 건강에 해로운 행동을 수도 없이 자행한다. 식품이나 환경에서 인공적인 것에 너무나 많이 의존하고 있다. 겨울에 너무 과한 난방은 방 안의 공기를 심하게 오염시킨다.

술을 마시면 일시적으로 기분이 고양되지만 술이 깨고 나면 고통만이 남는다. 그러나 알코올의 피해는 그나마 나은 것이다. 일상생활 속에서 사람들로 복잡한 장소 등에 존재하는 정체 모를 수많은 유해한 것들이 훨씬 위험하다.

우리 인간은 지금까지 줄곧 심신을 병들게 하는 일들만 자행해 왔기 때문에, 이 상태가 쉽게 좋아지지는 않는다.

건강을 해치는 사고의 습관을 배제하는 데도 시간이 걸린다. 항상 조급해 하며 서두르는 습관, 끙끙 앓으며 고민하는 습관, 지금 당장 필요하지도 않은 노력을 하는 습관, 미리 앞날에 대해 고민하는 습관 등 수많은 좋지 못한 습관들이 한데 섞이면 결국 피로로 지쳐 버리고 만다. 심신의 과도한 피로가 신체의 모든 부조화의 원흉인 것이다.

인간이 노력을 하는 동기가 좋은 것이든 나쁜 것이든, 선의든 자기중심적인 것이든, 한도를 벗어나면 신체의 피로와 고통을 불러일으켜 정신적인 우울증을 초래하고 만다.

타인의 장점을
발견하는 정신의 힘

'신체의 마음'이 우세한 사람은 주변 사람의 저속하고 야만적인 부분만 눈에 들어오게 된다. 사람들의 볼썽사나운 성질만 보고 장점에는 눈길이 가지 않는다. 자신의 맘에 드는 사람은 거의 없고 대부분의 사람들은 싫어하게 된다.

'정신의 마음'이 우세한 사람은 주변 사람들의 장점을 확실하게 찾아낸다. 사람들의 매력을 느낄 수 있는 것이다. 상대에게서 장점을 찾아낼 수 있다면 그 사람으로부터 좋은 영향을 받을 수 있게 된다. 편견으로 인해 타인을 싫어하게 되지도 않고 보다 많은 사람을 사랑할 수 있게 된다.

타인을 증오하거나 강한 편견을 갖게 되면 그 사람의 이름만 들어도 마음속에서 혐오감이 일어난다. 하지만 바로 이 혐오감이 본인의 마음에 상처를 입히게 된다. 어떤 상대든 간에 장점을 발견하고 단점을 무시할 수 있는 사람이라면 활력과 건강을 유지할 수 있다.

사랑은 힘이다. 사랑을 아는 사람은 이전보다 훨씬 강해진다.

사랑은 천상의 법, 혐오는 세속의 법이다.

고상한 정신은 고상한 정신을 가진 것들을 끌어들인다. 황폐한 돌무더기 속에서 잠들어 있는 다이아몬드를 찾아내듯이 야만적인 성질 속에서도 뛰어난 자질의 싹을 찾아낸다. 야만적인 기운은 무시하고 뛰어난 정신의 싹에 주목하여 그것을 보호하고 싹을 틔우도록 도와주려 한다.

고상한 정신이 영향을 끼치면 저속한 정신이라 할지라도 그 능력을 최대한으로 성장시킬 수 있다. 그러므로 진정으로 훌륭한 선교사들은 말을 이용해 설교할 필요가 없는 것이다. 정신에서 신성한 공기를 발산하고 있어 모든 사람들이 그것을 느낄 수 있기 때문이다. 교훈은 귀로 듣는 게 아니라 느껴야 하는 것이다.

누구에게나 편견을 갖고 있는 사람은 정신의 고슴도치와 같다. 남들의 단점만 들춰내 강한 증오감을 느끼는 사람은 자신을 건드리는 사람을 모두 바늘로 찌르는 고슴도치와 같기 때문이다. 이것은 자기 자신에게 족쇄를 채우는 것과 마찬가지다.

그런 사람은 증오하는 사람 앞에 나서게 되면 자기 자신의 좋은 성격을 발휘할 수 없게 된다. 사악한 마음만이 들끓어 오르고 그것만을 표현하게 된다. 원래 가지고 있던 능력을 발휘할 수 없는 것이다. 실제로는 방향을 제시해 주고 이끌어 가야 할 상대의 열등한 마음에 본인이 지배를 당하고 만다.

냉소적인 태도라고 하는 것은 사람에 대한 거부와 편견이 강해지기 때문에 발생한다. 빈정대는 사람들은 모든 사람을 상대할 가치가 없다고 여기고 있기 때문에 결국은 자기 자신까지 증오하게 된다. 대부분의 경우 그들은 건강의 혜택을 받기 힘들다. 신랄한 조롱은 그것을 말하는 사람의 혈액을 독으로 물들게 하기 때문이다.

빈정대는 사람들은 자신 이외의 세계에서 이상을 추구한다. 그러나 이상은 원래 자신의 내부에서 찾아야 하는 것이다. 그것을 발견할 수 있다면 외부 세계에서도 이상을 이룰 수 있게 된다. 만나는 모든 사람의 정신 속에 그의 사랑 정신이 접목돼 사랑이 만들어지는 것이다.

지금까지 대부분의 사람들은 사악한 정신을 너무나 두려워한 나머지 그 능력을 과대평가하고 사람의 마음속을 파고드는 힘을 가진 것은 사악한 정신뿐이라고 착각하고 있었다. 올바른 정신은 고통을 동반하는 교육에 의해 어리석은 인간들의 머릿속에 주입시켜야 하는 것이라고 여겨왔던 것이다.

사악한 정신만이 전염되는 것은 아니다. 선의 또한 전염이 된다. 만약 그렇지 않다면 불공평할 것이다. 그리고 선의가 전달된다면 건강도 전염되는 것이다.

건강한 육체는
건강한 정신에서

정신적 향상과 고결함 없이 건강과 활력을 손에 넣는 것은 불가능하다. 사고가 고결하다면 혈액도 맑아진다. 불순한 사고, 예를 들어 혐오, 절망, 불평, 초조, 타인을 중상모략하고 공격하려는 사고는, 그 사고를 품고 있는 본인의 혈액을 탁하게 만들어 몸 구석구석에 부조화가 발생한다.

아무리 신체를 단련한다고 하더라도 고결한 정신이 없다면 큰 효과를 기대할 수 없다. 의복과 신체를 아무리 청결하게 유지하고, 음식에 최대한으로 주의를 기울인다 할지라도, 그것은 속은 더럽고 다 썩어 가지만 겉만 그럴듯하게 치장한 배와 같다.

사고가 정화되기 시작하면 신체 또한 자연히 정갈해진다. 맑고 깨끗한 정신은 신체 상태에도 자연스럽게 주의를 기울이게 돼 있다. 의무감으로 목욕을 하는 것이 아니라 목욕하는 행위 자체가 즐거움이 되는 것이다.

다이어트를 하지 않더라도 자연스럽고 건강한 식욕이 배가 부르다는 신호를 받자마자 그만 먹게 해준다. 자신의 취미와 취향에 따르기만 해도 모든 일에 있어 적절한 기준이 확실하게 생기게 된다.

항상 자신을 좋은 방향으로 성장시키려고 하는 진취적인 사고가 육체의 재생을 촉진시킨다. 정신의 변화에 육체의 모든 조직들이 호응해서 변화를 일으키는 것이다. 향상심이 있는 정신이 육체를 관리하면 병에 대한 면역력이 증가해 신체의 각 기능이 강화된다.

그러면 어떤 분야라 할지라도 노력에 응당한 높은 능력을 얻을 수 있게 된다. 그리고 무병장수를 누리는 즐거움을 맛보게 된다.

긍정적 사고방식의
건강한 순환

아침에 눈을 떴을 때 피로가 쌓여 있어 심신이 에너지 부족을 느끼는 경우가 있다. 그럴 때에도 건강 상태에 너무 신경을 쓰지 않는 것이 좋다. 가능한 좋은 쪽으로, 앞으로 할 활동에 대해 생각하도록 하자.

자연의 힘의 상징인 태풍과 바다의 거친 파도, 살아 있는 모든 생명체에 새로운 활력을 가져다주는 일출을 묘사한 그림 등을 떠올리는 것도 좋을 것이다. 아마 기운이 솟아날 것이다. 그런 그림을 배경으로 글이나 시가 있다면 큰 소리를 내서 낭독하거나, 묵독하는 것도 좋은 방법이다.

힘과 강인함을 마음속으로 생각하는 것만으로도 그 힘을 끌어들일 수 있다. 건강에 대해 생각한다면 건강을 끌어들일 수 있다. 신체가 허약해졌다거나, 두 번 다시 좋아지지 않을 것이라는 식의 부정적인 생각과 마음이 어두워질 우울한 일만 생각한다면, 해로운 기운을 끌어들인다. 썩은 것은 주변의 것들까지 썩게 하는 것과 마찬가지로, 나약한 마음은 쇠퇴한 기운을 끌어들이게 된다.

몸 상태가 좋지 않은 사람은 무의식적으로 신체적으로 좋은 기운을 받아들이는 것 이상으로 자신의 어리석음을 키워 버리고 만다. 1년 365일 건강이 좋지 않다는 것만을 생각하고 타인에게도 그런 말만 되풀이한다. 마치 자신의 고통을 공감해 주길 바라는 것처럼 말이다. 고통스러운 마음에 대한 주변 사람들의 공감은 사실 상황을 더 나쁘게 해 줄 뿐이다. 바람직한 것은 주변 사람들의 사고가 그 사람의 장점에 집중하는 것이다. 긍정적인 사고가 그 사람에게 활력을 불어넣어 주게 된다.

부정적 사고에서
벗어나는 요령

오랫동안 부정적인 방향으로만 생각하는 습관이 들어 버린 마음은 그대로 굳어 버리기 쉽다. 시간을 두고 조금씩 바람직한 습관을 익히기 위한 노력을 해야한다.

자신이 마음먹은 대로 모든 기관과 기능 전체를 치료하거나 강화시킬 수 있는 것은 아니다. 인간의 신체는 몇 가지 기관으로 이루어져 있으며 각각이 특정 기관, 작용을 담당하고 있기 때문이다.

이 기관들은 각각 개별적으로 사랑의 기운이 가져다주는 활성작용을 받아들인다. 부상을 당한 상처에 정성을 다해 붕대로 감아 준다면 그 기운이 상처에 작용해 고통을 줄여 주게 된다.

환자에게 무관심한 사람이 귀찮아하며 하는 수 없이 붕대를 감아 주게 되면 치료 자체는 부족함이 없지만, 사랑의 기운이 방출되지 않기 때문에 고통 완화나 치유에 효과가 떨어지게 된다.

만약 간호하고 있는 사람이 환자에게 증오심을 품고 있다면 아무리 붕대를 감아 주었다고 하더라도 상처에는 독이 되고 말 것이다. 증오는 독의 기운이며, 사랑은 치유의 기운인 것이다.

눈과 귀와 신체의 어느 일부분에 이상이 생겼을 때도 마찬가지다. 본인 스스로 그 이상 참을 수 없다고 생각하고 있으면, 이상이 발생한 기관에 초조한 기운을 발산하고 있는 것과 마찬가지가 된다.

정신과 육체의
상호작용

이 세상에 완벽한 삶이란 존재하지 않는다. 완벽한 삶이란 병과 고통과 죽음이 존재하지 않는다는 것을 의미한다. 정신이 성장을 이루어 자력을 지니게 돼 힘을 끌어당기는 신체를 영원히 새롭게 재생할 수 있는 상태인 것이다.

가장 고차원적인 정신으로 병과 사악한 마음에서 해방돼, 타인에게 대가를 요구하지 않고 선행을 베풀 수 있는 사람이 되길 바란다면, 그 사고와 바람은 눈에 보이지는 않지만 실제로 존재하기 때문에 인간을 성장시켜 주는 촉진제가 된다.

성장을 바라는 마음은 신체와 정신에 우주의 고차원적 기운을 끌어들인다. 그러면 인간은 점점 허리를 꼿꼿이 세우고 당당하게 설 수 있게 된다. '늠름한 사람'이라는 표현을 자주 하는데, 이것은 이 기운에 의해 정신과 마찬가지로 육체도 늠름하고 당당하게 허리를 꼿꼿이 세우고 있는 사람을 말한다.

그렇게 되면 신체의 기관도 전부 제대로 작용을 하게 된다. 시선도 위를 향하게 되며, 심장도 활기차게 뛰기 시작한다. 볼에서는 빛이 나고 혈관은 좋은 피로 넘쳐흐르게 된다. 손과 발에도 힘과 유연성이 되 살아나게 된다.

불순하고 미숙한 사고, 타인을 돌보지 않고 자기만족만을 추구하는 어리석고 이기적인 사고의 흐름을 버리게 된다면 정신은 훨씬 높은 곳을 지향하며 향상될 것이다.

반대로 속세의 물질 수준의 정신이 지배하게 되면 우울한 기분과 비관적이고 자학적인 사고를 끌어들이게 된다. 떨어지는 인력의 힘에 질질 끌려가게 되면 슬픔, 걱정, 분노, 미숙한 사고, 저속하고 물질적인 사고가 전면에 나서게 된다. 그렇게 되면 어깨가 움츠러 들면서 허리가 구부정하게 된다. 그리고 고개를 푹 숙인 채 시선은 땅바닥을 향하게 된다. 신체의 각 기관들도 제 역할을 다하지 못하고 아래로 처지게 된다.

이처럼 신체의 모습과 정신 사이에는 분명한 관계가 있다. 신체, 얼굴의 표정, 태도와 자세, 육체적인 건강 전부가 정신과 마음의 상태를 여실히 드러내 주고 있다.

지금까지 우리는 오감으로 느낄 수 없는 것은 존재하지 않는다고 여겨 왔다. 이것은 마치 차가운 물이 콸콸 샘솟는 샘에 둘러 싸여 있으면서도 그것을 깨닫지 못하고 목말라 죽는 것과 마찬가지이다. 아무리 훌륭한 것이라 할지라도 그 존재를 깨닫지 못한다면 없는 것과 마찬가지다. 정신의 존재를 깨닫지 못하는 사람의 상태는 이와 다를 바 없다.

항상 높은 곳을 지향하는 마음, 성장을 바라는 마음, 훨씬 건강하고 강해지고 싶다는 진지한 기원은 정신의 힘이라는 양질의 기운을 만들어 낸다.

단, 그것을 추구하는 동기가 자신이 얻은 행복을 타인에게도 나누어 주고 싶다는 자연스러운 마음에서 비롯된 것이어야 할 것이다.

자신만을 위해 살고자 하는 사람은 이 힘을 완전히 자신의 것으로 끌어들일 수 없다. 이기적인 동기에서 기인한 기도는 어느 정도까지의 부와 명성을 끌어들일 수는 있지만, 결국에는 고통과 실망을 초래하고 말 것이다.

13장

새로운 사고에
마음을 열고

마음이 끌리는 것, 시선이 가장 많이
가는 것, 마음속에서 끊임없이 생각하
고 있는 것, 상상하고 있는 것은 결국
형태를 갖추고 현실 세계에 그 모습을
드러낼 것이다.

Trifles make perfection, but perfection is no trifle.
사소한 것이 완벽을 만든다. 그러나 완벽함은 사소한 것이 아니다.
Michelangelo (이탈리아 르네상스 시대의 예술가)

정신의 성장에 필수적인
새로운 사고

새로운 사고는 새로운 생명이다.

발명을 위한 아이디어와 새로운 착상이 제일 처음 마음속에 떠올랐을 때, 발명가와 시인의 마음은
환희로 가득하다. 혈관에 새로운 기운이 넘실거리며 하늘에 오를 것 같은 기분이 되는 것이다.

섬광과도 같은 영감을 얻는 것은 몇 안 되는 창조력이 풍성한 발명
가와 시인들의 경우이다. 천재들이 일으킨 불꽃을 제멋대로 자신의 램
프로 옮겨 붙여 자신의 것으로 삼는 사람은 이런 희열은 결코 맛볼 수
없다.

또한 어두운 절망 속에서 한 줄기 빛을 발견했을 때, 깊은 병환과 위험에서 벗어날 수 있는 희망을 발견했을 때, 그들이 찾아낸 희망이란 것은 그 사람의 '새로운 사고'인 것이다. 바라던 것이 실현됐기 때문이 아니라, 마음속으로 바람직한 상태를 연상한 것이 그 사람의 몸 전체에 힘을 부여한 것이다.

훌륭한 영화, 드라마의 명연기, 매력적인 인물과의 대화, 흥미로운 일이나 공부, 예술 등은 음식과 마찬가지로 우리에게 자극과 영양을 준다. 그것들에 집중하고 흥분하고 있을 때에는 실제로 배고픔을 잊어버리는 경우도 있다. 그래서 "인간은 빵만으로는 살 수 없다."라고 하는 것이다.

우리는 끊임없이 '새로운 사고'라는 영양분을 추구한다. 처음에 봤을 때는 너무나 훌륭하고 멋진 연극이라고 생각했던 것도, 몇 번이고 반복해서 보다 보면 질리게 된다. 처음 들었을 때 감동적이던 아리아도 익숙해지면 대수롭지 않게 느껴진다. 매력적이라고 여겼던 사고에도 변화가 필요한 것이다.

그러나 이런 연극이나 오페라도 한참이 지나 다시 접하게 되면 새로운 느낌을 가지고 불 수 있는 경우가 있다. 그것은 예술가의 해석에 새로운 성장 요소가 더해졌거나, 보는 사람이 지금까지 발견하지 못했던 새로운 가치를 이해할 수 있는 능력이 생겼기 때문일 것이다.

다시 말해 이것이 '새로운 사고'이다. 새로운 감정과 정신의 양식이라 불러도 좋을 것이다. 이것들은 우리가 일상적으로 먹는 빵과 마찬가지로 인간의 신체와 마음을 올바르게 형성하는 데 있어 필수적인 것들이다.

음식이 항상 새로운 것이어야 하는 것과 마찬가지로, 우리는 항상 새로운 정신의 양식, 즉 새로운 사고를 필요로 하고 있다. 낡은 사고방식을 10년을 하루처럼 반복한다면 부패와 노화를 초래해 심신의 성장도 정체하고 말 것이다.

일상의 기쁨을 선사하는
새로운 발견

매일 아침 오늘도 자신은 물론 타인에게도 유익한 즐거운 일을 찾을 수 있다는 확신을 가지고 하루를 시작하자. 어제까지는 충분하다고 여겼다 할지라도 오늘은 한걸음 더 나아가 새로운 발전을 찾아 낼지도 모른다. 그로 인해 인생이 한층 더 충실해지고 즐거움으로 가득해질 것이다.

우리는 지금까지 전혀 관심이 없었던 것에서 자연의 위대한 법칙을 찾아수 있다.. 예를 들어 이번 가을 들어 처음 서리를 맞은 나뭇잎이 단풍으로 물들었다거나, 봄볕을 받은 나뭇잎이 선명하고 짙은 초록빛으로 물들어 가고 있다는 자연의 위대한 현상들을.

또한 감성이 풍부한 사람이 자기 스스로 어제보다 성장한 모습을 발견하는 것은 무엇보다 기쁜 일이다.

힘든 일을 끈기 있게 처리할 수 있게 됐다, 그전까지는 없었던 용기를 느꼈다, 어제까지는 전혀 관심이 없었던 것의 아름다움을 느낄 수 있게 됐다, 식욕을 조절할 수 있게 됐다, 불유쾌하고 사악한 사고를 마음속에서 털어 버릴 수 있게 됐다는 것을 깨닫고 기쁨을 느끼게 된다. 이런 긍정적인 마음가짐은 사람에게 용기와 기운을 전달해 주어 심신을 활력 넘치게 해 준다. 새로운 사고는 모든 곳에서 끝없이 얻을 수 있다. 예를 들어 현재는 모든 일이 잘 돌아가고 있더라도 내일은 그것을 개선할 수 있는 능력과 여유를 찾아낼 수도 있다.

개선이 이루어졌다고 해서 그전까지의 노력이 퇴색되는 것은 아니다. 이미 아름다운 그림에 섬세한 색조가 더해지는 것이다. 멈추지 않는 성장의 자각이 새로운 성장을 촉진시키는 마음의 양식이 된다.

'새로운 사고'는 그야말로 '마음의 빵'이라 할 수 있는데, 이것은 '일상 속 마음의 빵'이어야 한다.

매일 아침 오늘도 내외적인 문제를 해결할 수 있는 지혜를 하늘이 선물해 줄 것이라고 믿자. 그런 긍정적인 마음과 신뢰가 힘과 건전한 자극을 가져다준다. 그렇게 해서 몇 번이고 곤란을 이겨내는 경험을 하게 되면, 희망이 자신감으로 바뀌게 된다.

새로운 사고를
접하는 힘

한상 새로운 사고를 얻기 위해서는 어떻게 하면 될까?
이것은 바꿔 말하자면 이 세상의 아름답고 가치 있는 것을 가능한 많이 받아들이기 위해서는 어떻게 하는 것이 좋을까 하는 질문이기도 하다.

"새로운 사고는 어떻게 생겨나는가?"

황당한 대답이라고 여길지도 모르지만 그것은 '성실하고 맑은 삶'을 사는 것이다. 이것은 여러 가지 조건이 충족되어야 하는 일이며, 습관을 극복하거나 역경을 뛰어넘지 않아야 할 일이기 때문에 실현하기가 그리 만만한 것은 아니다.

예를 들어 사람은 누구나 뭔가를 축적하고자 하는 욕망을 가지고 있다. 세속적인 사람은 돈을 축적하려 한다. 좀 더 고상한 사람은 능력과 정신력을 축적하려고 한다.

돈을 가장 중시하는 사람은 잠자리에 들기 전에 "어제보다 100달러 더 벌었다."고 만족스럽게 중얼거릴 것이다. 그에게 기쁨이란 영원한 생명도 건강하고 건전한 생활도 아니라 생존에 필요한 약간의 빵이다.

그런 반면에 이렇게 생각하는 사람도 있다.

"나는 어제보다 풍요롭다. 어제보다 인내심이 강해졌고, 일도 전보다 잘하게 됐으며, 어제까지 몰랐던 것을 알게 됐기 때문이다."

우리의 마음은 '사고', '사고에 동반되는 지식', '지식에 동반되는 힘'을 쌓아 두는 그릇과 같은 것이다. 게다가 그 용량에는 한정이 없다. 무궁무진한 우주의 지혜와 힘과 새로운 사고를 얼마든지 맘대로 받아들일 수 있다. 말하자면 영원히 파산하지 않는 은행을 가지고 있는 것과 같다. 우리는 이 점을 충분히 이해해야만 한다.

건강한 삶을 방해하는
과거의 기억

우리의 과거에는 무수한 사건과 상황들이 기억으로 남아 있다. 그 대부분이 기억 속에 남아 있기보다는 잊어버린 것이 훨씬 좋은 것들이다. 그런 것들을 끝없이 기억하고 있으면 새로운 사고를 받아들이고 새로운 생활을 시작하는 것을 방해하게 된다. 잊어버림으로써 새로운 사고를 향해 문을 열 수 있게 되는 것이다.

과거의 기억을 전부 다 지워 버리는 것은 불가능하다. 눈에 보이는 것, 배운 것, 느끼거나 들은 것은 모두 기억 속에 저장되어 있다가 특정한 상황이 되면 되살아난다. 잊어 버리는 것이 좋다고 하는 것은 과거의 불유쾌한 상황과 사건을 가능한 떠올리지 않는 것이 좋다는 의미이다. 자신에게 처참했던 기억과 전혀 이롭지 않다고 판단되는 것을 마음속에서 몰아내는 힘을 기르는 것이 중요하다.

모든 경험은 그것이 지혜를 가져다주기 때문에 귀중한 것이다. 그러므로 한 번의 경험에서 지식을 얻었다면 굳이 반복해서 생각하는 것은 아무런 의미가 없다. 특히 그 경험이 불유쾌한 것이었을 때는 오히려 해로울 수도 있다.

기억한다는 것은 사고 속에서 그 시간을 다시 한 번 살아야 하는 것이다. 과거의 불행과 불운에 대해 끊임없이 불만을 토로하는 사람은 그런 행위를 하고 있는 것이다.

인생의 절반을 산 사람들이 젊었을 때의 밝고 기쁨으로 가득 찼던 날들을 떠올리며 현재의 상황을 한탄하는 것과 마찬가지다. 그러나 그런 밝은 추억을 현재의 어두운 배경과 비교하며 탄식해서는 안 된다.

과거에만 얽매어 살며 미래에 대해서는 마음을 열지 않는 사람은 건강한 인생을 오래도록 즐길 수 없다. 생명력이 부족한 사고를 쌓아두면 그 나약한 기운이 신체에 드러나게 된다.

부정적인 생각의
악순환

'앞으로 일어날 일'이 잘 풀릴지 말지는 미리 그것을 어떻게 생각하는지에 따라 완전히 달라진다. 뭔가 문제가 일어났을 때, 다른 사람이 해결책을 제안하면 그 제안을 실행하는 것이 얼마나 힘든가에 대해서만 지적하는 사람이 있다. 사고 속에서 곤란만을 생각하는 것은 실제로 곤란을 만들어 내게 돼 있다. 그 제안은 무조건 실현되지 않을 것이다.

밤에도 눈을 붙이지 못하고 끙끙 앓으며 장래 일어날 수 있는 트러블을 이리저리 상상하고 생각하는 사람이 있다. 그런 사람은 자신이 상상하고 생각했던 트러블이 발생하도록 차근차근 준비를 하고 있는 것과 마찬가지다.

비즈니스에 있어서는 항상 좋은 결과를 얻을 수 있다는 굳은 믿음을 가져야 한다. 계획이 달성되고, 모든 시스템이 제대로 작동하고, 사업이 발전해서 견고해지고, 더 많은 이익을 얻을 수 있다는 이미지를 마음속으로 연상하는 것이다. 지나가 버린 트러블과 장애를 몇 번이고 되풀이해서 생각하고 있다면 더욱더 곤란과 장애가 발생할 것이다. 일부러 비즈니스를 망치려고 장애물을 만들어 내는 것과 마찬가지다.

지나간 일을 다 잊어버리고 미래를 바라보는 것이 철칙이며, 모든 비즈니스의 성공은 그것을 기반으로 삼고 있다. 다시 말해 낡은 방법을 고집하지 않고 새로운 것을 받아들이는 사람이 더 큰 성공을 거둘 수 있는 것이다.

그러나 젊었을 때는 항상 새로운 것을 추구하던 사람이 나이를 먹으면서 자신이 젊었을 때 새로웠던 것에만 집착하는 경우가 있다. 그것은 이미 낡고 시대에 뒤처진 것이라 세상이 원하는 것과는 차이가 있다. 당장은 수입이 오를 수도 있지만 얼마 못가 새로운 것으로 전부 바뀌고 말 것이다.

전날에 너무 피곤하고 몸 상태가 좋지 않았던 경우에도, 오늘 아침 눈을 뜨자마자 어제를 떠올리며 하루를 시작해서는 안 된다. 몸 상태가 좋지 않았던 어제와 마찬가지 상태를 일부러 만들어 내는 것이 된다. 어제 일은 전부 잊어버리고 새로운 기분으로 하루를 시작하자. 지금은 기분이 아주 좋아졌다는 것에만 주목을 하고 하루를 시작한다면 건강한 상태를 만들어 낼 수 있다.

사고는
자석과 같은 것

사고가 힘을 가지고 있다는 것을 어떻게 증명할 수 있을지 의심하는 사람이 있을 것이다. 그것은 스스로 증명할 수 있다. 지금까지 추천한 것들 중에 무엇이든 좋으니 한 번 시험해 보길 바란다. 직접 해보고 바라던 결과를 조금이나마 얻을 수 있다면 믿게 될 것이다.

과거의 사고방식과 습관을 거스르기란 그리 간단한 일이 아니다. 주변 사람들과 전혀 다른 복장을 하고 있다면 눈총을 사게 되는 것과 마찬가지다.

그러나 주변 사람들에 해를 입히지 않는데도 남들과 다른 복장을 했다는 것만으로 욕설과 조롱을 한다면 절대로 이해할 수도 없고 용납

할 수도 없는 폭력적인 행위이다. 200년 전에 영국에서 처음으로 우산을 썼던 사람도 심한 조롱을 당했었다. 과거의 습관 속에서만 사는 화석화된 사고는 미래를 바라볼 수 없다.

그러나 사람들의 생활은 끊임없이 앞을 향해 전진하고 있다. 우리는 앞을 바라보아야 한다. 인간의 지혜를 초월한 위대한 힘이 모든 것을 앞으로 나아가게 하고 있기 때문이다.

그럼에도 불구하고 수많은 사람들이 무의식적으로 그 힘을 거스르려 하고 있다. 뒤를 돌아보며 그 자리에 머무르려고 하는 것이다. 그것이 온갖 고통과 우울을 불러일으키는 원인인 것이다.

마음이 끌리는 것, 시선이 가장 많이 가는 것, 마음속으로 끊임없이 원하고 상상하는 것은 결국 현실 세계 속에 드러나게 된다.

이것은 지금까지 계속해서 여러 가지 표현 방식으로 되풀되어 왔는데 이는 그것은 이것이 우리의 행복과 불행을, 건강과 병을, 번영과 빈곤을 결정짓는 중요한 틀이기 때문이다.

사고는 눈에 보이지 않는 자석으로 눈에 보이는 형태로 모든 것을 끌어들인다. 이 사실을 확실하게 이해할 수 있게 된 사람은 자신의 마음을 끊임없이 올바른 방향으로 향하게 한다. 불행과 실패를 생각하는 것이 아니라 행복과 성공만을 생각하게 되는 것이다.

원인과
결과의 법칙

인생에 행복과 불행이 이렇게 단순하게 보이는 법칙에 기반하고 있다는 사실은 너무나 불가사의하게 여겨진다. 그러나 자연계의 '단순해 보이는' 것들을 자세히 살펴보면 대부분 인간의 이해를 초월한 것이다. 비밀이 더욱 깊어지기만 한다는 것은 그리 놀랄 만한 일이 아니다.

우리가 가장 알고 싶어 하는 것은 어떤 결과를 가져다주는 것이 무엇인가 하는 것이다. 그것은 '자신의 머리로 생각하는 것'이다. '머리로 생각하는 것'이 건강과 부와 사회적 지위 등을 결정한다는 '정신의 법칙'을 깨달은 사람은 자신 속에 잠재돼 있는 비밀의 '진실'을 찾게 된 것이다.

자신만의 진주를 발견한 사람은 더 이상 나약하고 가난해지지 않는다. 이 사실을 깨달은 사람은 모두 보다 풍요롭고 행복해질 것이다. 인생은 지금까지 생각했던 것 이상으로 행복해질 가능성으로 가득하다.

　　원래 생명이란 끊임없이 성장을 하는 것이다. 정신이 건전하게 지속적으로 성장한다면 언제라도 필요에 따라 쓸 수 있는 상태로 육체를 유지할 수 있다. 육체를 유지한다는 것은 고통과 병이 전혀 없다는 것이 아니라, '노화'라고 불리는 쇠약한 상태에서 해방된다는 것이다. 노화란 정신이 신체를 회복시키고 재생시킨다는 것을 깨닫지 못한 채, 피폐해지는 현상이다.

기쁨의 샘은
마르지 않는다

산다는 것은 힘과 기쁨이 신체에 가득 넘친다는 것이다. 이 세상의 모든 위대한 것, 훌륭한 것, 아름다운 것을 새롭게 발견해 나가는 것이며 그런 행복을 느낄 수 있는 능력을 끊임없이 강화시켜 나가는 것이다. 인생이란 기쁨을 발견하고 그것을 맛보는 과정이다. 이 기쁨의 원천은 절대로 마르는 일이 없다.

우리는 일상생활 속에서 원래 얻어야 할 기쁨의 최소 단위밖에 얻지 못하고 있다. 하늘이 주는 기쁨을 받아들이는 능력을 충분히 활용하고 있지 않기 때문이다.

감각이 더욱더 세련돼지면 미각은 지금보다 훨씬 많은 기쁨을 맛볼 수 있게 될 것이다. 시각과 청각도 지금보다 훨씬 많은 것을 보고 들을 수 있는 능력을 가지고 있다. 걸을 때의 근육의 움직임 하나하나도 기쁨의 원천이 될 것이다.

'정신의 법칙'을 이해한 사람에게는 인간의 지혜를 초월한 마음의 평화가 찾아온다. 지금까지 이 법칙을 인식하지 못했다고 해서 앞으로도 인식하지 못할 것이라고는 단정할 수 없다. 언젠가 일을 할 때나 휴식을 취할 때에도 끊임없이 행복을 느낄 수 있는 이상향과 같은 인생이 찾아올 것이다.

그러나 실제로는 대부분의 사람들이 그 가능성을 이해하지 못하고 있다. 그런 이야기는 지금까지 들은 적도 없을 것이고, 설령 들었다고 하더라도 믿으려 하지 않았을 것이다. 인생은 짧으며 그저 늙으며 죽음을 기다는 것이라고 믿고 있다.

그렇게 되면 인생의 궁극적인 목적이 "노후를 대비해 돈을 비축하는 것"이 되고 만다. 이래서는 인생이 전혀 즐겁지 않게 된다. 대부분의 사람들은 생각하지 않는 척하면서 노화와 죽음을 두려워하고 있다. 믿으면 모든 것이 그쪽을 향해 진행한다는 당연한 이치다. 노화를 믿는 힘이 자신의 노화를 불러들이는 것이다.

바꿔 말하자면 '노화의 준비'가 육체의 노화를 만들어 내는 것이다. 그런 준비를 하고 있는 사람은 몇 년에 걸쳐 늙고 병든 자신을 항상 연상하고 있기 때문이다.

병에 걸렸을 때는 물질적 비축(돈)만이 도움이 된다고 생각하는 사람이 많지만 병을 막는 데 물질적 비축은 전혀 도움이 되지 않는다.

아무리 부자라 할지라도 나이를 먹고 병이 들게 된다면 그 돈으로 살 수 있는 것은 멋진 병실과 좋은 침대 정도다. 돈으로 병과 노화를 막을 수는 없다. 돈으로 비싼 음식을 사 먹을 수는 있지만 식욕을 살 수는 없다. 고통과 괴로움에 비명을 지르는 상황은 황제나 거지도 별 차이가 없다. 부드러운 침대에 누워 수많은 추종자들에게 둘러싸여 있다고 하더라도 아무런 위로도 되지 않을 것이다.

더없이 이상적인
삶을 위해

정신의 힘은 무지한 인간이 잘못된 방향으로 활용한다면 비참한 결과를 초래하게 된다.
마음, 혹은 정신에 육체를 조종할 수 있는 힘이 있다는 것, 그리고 그것이 무엇이든 마음이 계속적
으로 연상하고 생각한 것이 실현된다는 것을 깨닫고 그것을 믿는 데에서 정신의 힘은 자라기 시작
한다.

지금 상태를 보면 아무리 부를 쌓았다고 하더라도, 커다란 성공을

거두었다고 하더라도, 예술가와 학자로서 이름을 날렸다고 하더라도,

그다음에는 노화와 죽음만이 기다리고 있을 뿐 아닌가?

가장 사려 깊은 사람이라 할지라도 겨우 인생에 대해 무언가를 배

웠을 때는 이미 죽음을 맞이해야 하는 상황이다.

"인간에게 좀 더 나은 삶의 방식이 가능한 것이 아닐까?'라는 생각과 외침이 수 세기 전부터 팽배해 왔다. 이 바람은 언젠가 반드시 이루어 질 것이라고 나는 믿고 있다.

새로운 지식과 빛에 의해 지금까지 없던 삶이 우리를 찾아올 날이 있을 것이다. 어쩌면 그날이 바로 지금일지도 모른다.

옮긴이 / 김연희

세종대학교 졸업. 상공회의소를 거쳐 한우리 교사로 학생들을 가르
치고 있다. 인간은 뒤돌아 보면서 후회하는 습성을 갖고 있기 때문
에 변화를 두려워하고 익숙한 것에 위안을 받는다고 한다. 우리의
가치관은 성숙되어 가는 과정이며, 절망의 끝에 비로소 자신을 돌
아보지 말고 행복한 인생을 살기 위한 노력을 해야 한다고 한다.
역서로는 《남은 인생 자신 있게 살아가기》 《살면서 놓치기 쉬운 마
음가짐》 《내 삶을 바꾸는 비밀, 하루》 《두려움 없이 시작하는 인
생》 등 다수가 있다.

나를 향한
생각의 힘

2016년 12월 05일 1판 1쇄 인쇄
2016년 12월 10일 1판 1쇄 발행

지은이 | 프렌티스 멀포드
옮긴이 | 김연희
펴낸이 | 김정재
펴낸곳 | 뜻이있는사람들
북디자인 | 파워북
사　진 | 김정재

등록 | 제410-304호
주소 | 경기도 고양시 일산서구 대산로 215(대화동) 연세프라자 303호
전화 | 031-914-6147
팩스 | 031-914-6148
이메일 | naraeyearim@naver.com

ISBN 978-89-90629-37-1　03320